中国电力行业投资发展报告

（2020年）

南方电网能源发展研究院有限责任公司　编著

图书在版编目（CIP）数据

中国电力行业投资发展报告．2020年/南方电网能源发展研究院有限责任公司编著．—北京：中国电力出版社，2020.11

ISBN 978-7-5198-5011-1

Ⅰ.①中…　Ⅱ.①南…　Ⅲ.①电力工业—研究报告—中国—2020　Ⅳ.①F426.61

中国版本图书馆CIP数据核字（2020）第184016号

出版发行：中国电力出版社
地　　址：北京市东城区北京站西街19号（邮政编码100005）
网　　址：http://www.cepp.sgcc.com.cn
责任编辑：岳　璐（010-63412339）
责任校对：黄　蓓　李　楠
装帧设计：张俊霞
责任印制：石　雷

印　　刷：北京瑞禾彩色印刷有限公司
版　　次：2020年11月第一版
印　　次：2020年11月北京第一次印刷
开　　本：787毫米×1092毫米　16开本
印　　张：12.25
字　　数：171千字
印　　数：0001—1000册
定　　价：98.00元

版权专有　侵权必究

本书如有印装质量问题，我社营销中心负责退换

南网能源院年度报告系列

编　委　会

主　任　金戈鸣

副主任　吴宝英　张良栋　胡志广　程其云　杜云辉

成　员　邹贵林　陈　政　朱浩骏　雷　兵　才　华

黄　豫　张劲松　陈晓明　陈　岳　李　三

《中国电力行业投资发展报告（2020年）》

编　写　组

组　长　才　华

主笔人　吴鸿亮　彭道鑫

成　员　王　玲　陈　洋　林蔚颖　江雪菲　谢骏骐

刘本杰

前　言

PREFACE

2019 年我国电力行业投资总额 7995 亿元，同比下降 2%，近 5 年来首次跌落至 8000 亿元以下。电网和电源投资总体走势持续分化：电网投资为 4856 亿元，虽较 2018 年略有下降，但总体仍维持在较高水平；电源投资为 2722 亿元，与 2018 年持平，处于近 10 年来最低水平。电源投资结构中，风电投资占比跃升第一，达到 40%；其次为水电，达到 28%；火电、核电次之，分别为 21%、11%。除了水电投资略有提升、风电投资有大幅上涨外，其他电源投资均在下降。

本报告围绕我国发电行业、电网行业、电价以及典型企业的投资、供应、盈利以及技术等与投资密切相关的要素进行了系统梳理和深入分析，并分别进行了前景展望。共分为 10 章。第 1 章梳理了 2019 年国内外宏观经济形势环境和电力行业总体投资情况及政策形势；第 2～7 章分别分析了火电、水电、核电、风电、光伏和电网行业 2019 年的投资、供应、盈利及技术发展情况以及近年来的变化趋势；第 8 章分析了上网电价、输配电价、销售电价、电力市场化交易以及电价政策；第 9 章通过企业看行业，分析了 9 家重点发电企业经营状况；第 10 章聚焦 2022 年国家补贴取消对海上风电相关各方的影响进行了逐一分析，进而系统分析总结了其对我国海上风电未来发展的综合影响。

南方电网能源发展研究院有限责任公司致力成为“南网智库、行业智囊”，从 2019 年起推出年度研究报告系列。电力行业属于资金密集型行业，投资是反映行业状况的“晴雨表”，因而投资分析是考察电力发展不可或缺的一个方面。《中国电力行业投资发展报告（2020 年）》是年度研究报告系列之一，为政府部门、电力行业、大中专院校以及社会各界提供系统信息和深度分析。

在本报告的编写过程中，得到了许多专家的大力指导，并从国家能源局、中电联、行业协会、电力企业以及相关网站查询获取了大量数据资料，在此表示衷心感谢!

由于作者水平有限，书中难免存在错漏之处，恳请读者谅解并批评指正!

编　者

2020 年 8 月

目录 CONTENTS

第 1 章

电力行业投资总体形势概述

1.1 国内外宏观经济形势

1.1.1 国际宏观经济形势

2019 年，受贸易摩擦、地缘政治紧张局势的加剧带来不确定性影响，全球主要经济体 GDP 虽然延续增长趋势，但增速普遍放缓。在 2019 年全球经济增速降至 2.3%，为 10 年来的最低水平。美国经济维持扩张但增长放缓，经济增速与全球经济增速持平；欧元区和日本经济增长仍然乏力；主要新兴经济体增长情况有所分化，中国、印度增长较为强劲；巴西、俄罗斯经济略显复苏迹象；南非仍深受经济危机的影响。2019 年全球主要经济体运行情况如表 1-1 所示。

表 1-1　　2019 年全球主要经济体运行情况表

指标分类	指标名称	单位	2019 年							
			美国	欧元区	日本	俄罗斯	印度	巴西	南非	中国
宏观经济	2019 年 GDP 增速	%	2.3	1.2	0.7	1.3	5.3	1.1	0.2	6.1
物价	CPI 同比增速	%	1.8	1.2	1.8	3.0	7.4	4.3	4.0	2.9
	PPI 同比增速	%	1.3	-0.7	0.2	-4.3	-	4.8	-0.3	-0.3
景气程度	制造业 PMI（12 月）	%	47.8	46.3	48.4	47.5	52.7	50.2	46.7	50.2
	服务业 PMI（12 月）	%	52.8	52.8	49.4	53.1	53.3	51.0	47.7	53.0
就业	失业率	%	3.5	7.3	2.4	4.6	5.4	11.9	29.1	5.2

注　1. 美国、欧元区、日本、南非的 GDP 增速均为不变价环比折年率，巴西、俄罗斯、印度、中国 GDP 增速均为 GDP 不变价同比值。
2. 美国、欧元区、日本、俄罗斯、中国 CPI 为年度值，其余经济体 CPI 为 2019 年 12 月值，欧元区 CPI 为调和 CPI。
3. 俄罗斯、中国 PPI 为年度值，其余为 2019 年 12 月值。
4. 美国 PMI 为 ISM 制造业 PMI，其他国家或地区 PMI 为官方制造业 PMI 和服务业 PMI。
5. 日本、俄罗斯、巴西、中国失业率为全年失业率，南非失业率为 2019 年四季度失业率，其余为 2019 年 12 月值。

（1）发达国家。美国经济维持扩张但增速放缓。2019 年美国 GDP 增速 2.3%，同比下降 0.6 个百分点。12 月失业率维持在 3.5%，就业市场态势良好。12 月 ISM 制造业 PMI 为 47.8%，不及预期，服务业 PMI 为 52.8%。全年 CPI 同比增幅为 1.8%。

欧元区经济增长乏力。2019 年欧元区 GDP 增速为 1.2%，增速比上年下降 0.7 个百分点，增幅持续下降。欧元区全年 CPI 同比增长 1.2%；制造业 PMI 为 46.3%，连续第 11 个月低于荣枯线。12 月服务业 PMI 为 52.8%，超出预期。12 月失业率为 7.2%，同比下降 0.6 个百分点，但与其他发达经济体相比依然偏高。

日本经济增长疲软。2019 年日本 GDP 增速 0.7%，比上年上升 0.1 个百分点，其中第四季度出现明显负增长。全年 CPI 同比增长 1.8%。12 月制造业 PMI 为 48.4%，连续第 8 个月低于荣枯线，制造业活动连续萎缩；服务业 PMI 为 49.4%，不及前值 50.3%。

（2）新兴市场。俄罗斯经济保持稳步增长态势。2019 年俄罗斯 GDP 增长 1.3%。12 月制造业 PMI 为 47.5%，服务业 PMI 为 53.1%。全年 CPI 同比上涨 3.0%。综合来看，俄罗斯经济 2019 年增长平稳，但经济增长延续性仍有待观察。

印度经济增速有所下降，但与其他国家相比依然增长较快。印度 2019 年 GDP 增速 5.3%，增速比上年低 1.9 个百分点。12 月通胀创新高，CPI 升至 7.4%，超过印度央行设立的通胀最高上限 6%。12 月制造业 PMI 为 52.7%，达到近 7 个月高点；服务业 PMI 为 53.3%，达到近 5 个月高点。

巴西经济有所改善。2019 年巴西 GDP 增速为 1.1%，实现连续三年增长。2019 年平均失业率为 11.9%，失业率已持续两年下降。12 月制造业 PMI 为 50.2%，环比下降 2.7 个百分点；服务业 PMI 为 51.0%。

南非经济增长疲软。2019 年南非 GDP 增速 0.2%，较上年下滑 0.6 个百分点，增速已连续两年降低。12 月制造业 PMI 为 46.7%，环比下跌 1 个百分点，创下 14 个月以来的最大跌幅，并连续第 8 个月处于荣枯线下方。失业率维持高位，四季度失业率为 29.1%。

由于 2020 年新冠肺炎疫情在全球蔓延，因此多国经济活动停滞，世界银行下调 2020 年全球经济增速至-5.2%。美国贸易政策仍存较大不确定性，企业投资下滑、制造业萎缩，打击经济增长势头，货币政策持续宽松；欧元区经济下行压力加大，预计欧元区将维持超宽松货币政策，但其边际效应正在递减；日本经济复苏前景不乐观，预计短期内经济将萎缩。由于出口和投资弱于预期，因此部分新兴经济体面临的宏观经济下行压力仍较大。

1.1.2 国内宏观经济形势

2019 年，我国国民经济运行总体平稳，继续保持稳中有进的发展态势。全国 GDP 为 99.1 万亿元，同比增长 6.1%。分季度看，一季度同比增长 6.4%，二季度增长 6.2%，三季度增长 6.0%，四季度增长 6.0%。分产业看，三次产业增加值分别同比增长 3.1%、5.7%和 6.9%。12 月制造业 PMI 为 50.2%，与上月持平，连续两个月位于荣枯线以上。2019 年全年 CPI 上涨 2.9%，比上年加快 0.8 个百分点，创 8 年以来新高；2019 年 PPI 比上年下降 0.3%。2019 年我国主要经济运行情况如表 1-2 所示。

表 1-2　　2019 年我国主要经济运行情况表

指标分类	指标名称	单位	全国
宏观经济	GDP	亿元	990 865
	同比增速	%	6.1
	其中：第一产业增加值	亿元	70 467
	同比增速	%	3.1
	第二产业增加值	亿元	386 165
	同比增速	%	5.7
	第三产业增加值	亿元	534 233
	同比增速	%	6.9

续表

指标分类	指　标　名　称	单位	全国
物价	CPI 同比增速	%	2.9
	PPI 同比增速	%	-0.3
景气程度	制造业 PMI（12 月）	%	50.2

注　1. 绝对值按现价计算，增长速度按不变价计算。
2. 2019 年 GDP 为初步核算结果。

2019 年，面临着中美贸易战等复杂国际形势的外部压力，我国经济总体仍然保持了平稳运行态势，经济结构优化升级持续推进，工业结构优化调整取得实效，减税降费政策红利显著，“三大攻坚战”取得超出预期的成果，稳就业、稳金融、稳外贸、稳外资、稳投资、稳预期的“六稳”政策持续推进，实体经济特别是中小微企业获得了更好的发展环境。

受新冠肺炎疫情的影响，我国 2020 年一季度 GDP 同比下降。随着疫情防控形势持续向好，复工复产加快推进，经济已呈现快速回升之势。2020 年是全面建成小康社会和“十三五”规划收官之年，我国坚持新发展理念，继续推进供给侧结构性改革，以改革开放为动力推动高质量发展，坚决打好三大攻坚战，加大“六稳”工作力度，提出保居民就业、保基本民生、保市场主体、保粮食能源安全、保产业链供应链稳定、保基层运转的“六保”政策，实施扩大内需战略和创新驱动发展战略，维护经济发展和社会稳定大局，全面建成小康社会。预计 2020 年我国经济仍然保持增长，且在全球范围内增速领先。

1.2　中国电力行业投资现状

本报告中电力行业投资情况包括火电、水电、核电、风电、光伏、电网等子行业的投资情况。电力行业如无特别说明，均为中国电力行业。

1.2.1 投资规模

2019 年我国电力行业投资总额 7995 亿元，同比下降 2%，电力行业投资总额近 4 年来连续下降，且 2019 年是近 5 年来首次跌落至 8000 亿元以下；网源投资总体走势分化，电网投资自 2014 年开始超越电源投资，近年来总体增长，电源投资近年来总体呈下降趋势，网源投资差距逐渐增大。2010—2019 年我国电力行业投资情况如表 1-3 所示。

表 1-3　2010—2019 年我国电力行业投资情况表　单位：亿元

年份	2010	2011	2012	2013	2014	2015	2016	2017	2018	2019
投资总额	7417	7614	7393	7728	7805	8576	8840	8239	8161	7995
电网投资	3448	3687	3661	3856	4119	4640	5431	5339	5373	4856
电源投资	3969	3927	3732	3872	3686	3936	3408	2900	2721	2722

电源投资 2019 年保持在 2722 亿元规模，与 2018 年持平，在当前较为宽松的电力供需形势下，处于近 10 年来历史最低水平。电源投资自 2010 年开始，除 2013 和 2015 年个别年份外，整体呈现逐步下降趋势。

从新增规模来看，2019 年新增发电装机容量 10 173 万 kW，是近 7 年来最低水平，同比大幅下降 20%；近年 220kV 及以上新增变电设备容量规模相对稳定，2019 年新增输电线路长度规模下降 17%，降幅较大。2010—2019 年我国电力新增规模情况如表 1-4 所示。

表 1-4　2010—2019 年我国电力新增规模情况表

年份	2010	2011	2012	2013	2014	2015	2016	2017	2018	2019
新增发电装机容量（万 kV）	9124	9436	8315	10 222	10 443	13 184	12 143	13 044	12 775	10 173
新增变电设备容量（万 MVA）	25 813	21 971	18 841	19 831	22 358	21 902	24 394	24 231	22 214	23 042

续表

年份	2010	2011	2012	2013	2014	2015	2016	2017	2018	2019
新增输电线路长度（km）	41 483	35 167	34 229	38 927	35 967	33 248	34 999	41 413	41 092	34 022

1.2.2　投资结构

2010—2019 年电源投资结构及发展情况如图 1-1 所示。

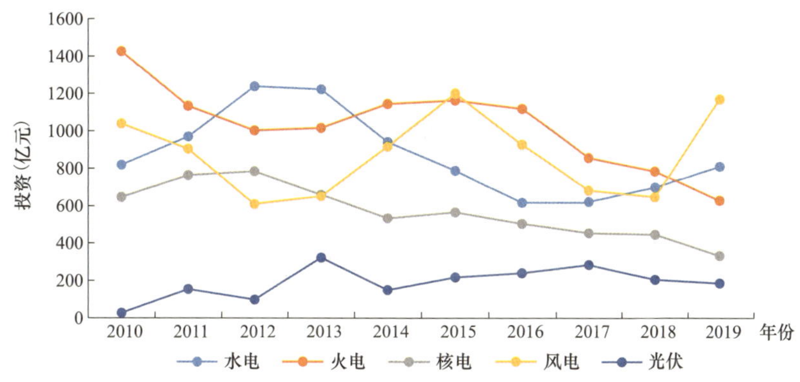

图 1-1　2010—2019 年电源投资结构及发展

电源投资结构近 10 年来发生了巨大变化。2019 年电源投资结构中，风电投资占比跃升第一，达到 40%；其次为水电，达到 28%；火电、核电次之，分别为 21%、11%。

火电投资占比从占绝对性的主导地位连续 4 年大幅下滑，2019 年投资跌至历史最低水平，占比首次位居第三。

风电投资结束了前三年下滑趋势，2019 年增长迅猛，一跃成为能源投资第一大类；水电投资近 3 年来逐年增长；核电投资近 10 年相对稳定，整体呈现逐年下降趋势；光伏投资自 2015 年开始投资增长稳定。

2010—2019 年电源新增装机规模结构及发展情况如图 1-2 所示。

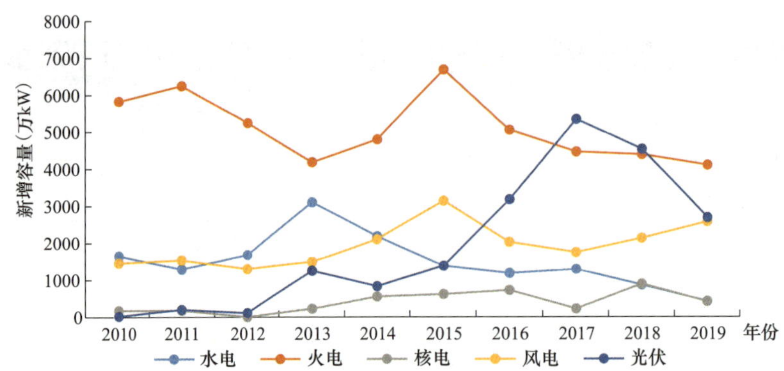

图 1-2　2010—2019 年电源新增装机规模结构及发展

从电源新增装机规模结构及发展来看，火电新增装机容量近 4 年来持续下降，但截至 2019 年，在各类能源中火电新增装机容量占比仍位居第一，达到 40%；受政策影响，光伏新增装机容量连续 2 年持续下降，相反风电新增装机容量连续 2 年持续增长，截至 2019 年，光伏和风电新增容量占比分别为 26%、25%；水电和核电新增装机容量相对较为稳定，近两年来有所下滑，新增容量占比均为 4%。

1.2.3　投资效果

（1）发电量与利用小时。2010—2019 年全国发电量与利用小时情况如图 1-3 所示。

图 1-3　2010—2019 年全国发电量与利用小时

2019 年全国发电量达到 73 253 亿 kWh，同比增长 4.7%，近 10 年保持稳定增长趋势；6000kW 及以上电厂发电设备利用小时数为 3825h，同比降低 55h，相对 2011 年的最高位水平，大幅下降了 19%。总体上看，近年来利用小时总体呈下降趋势。

（2）净资产收益率均值。2010—2019 年主要电力企业净资产收益率平均值情况如图 1-4 所示。

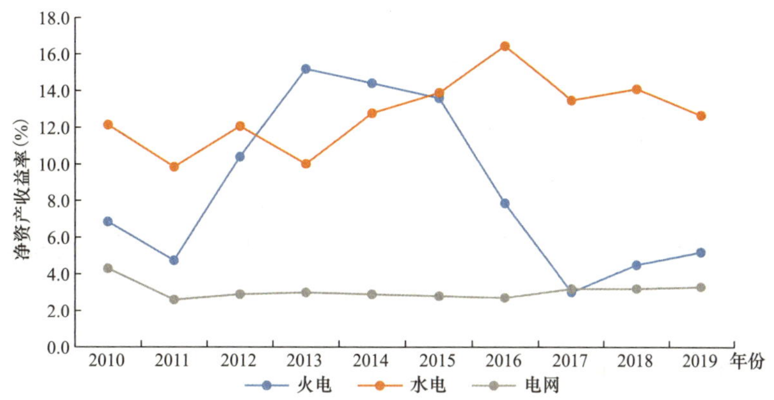

图 1-4　2010—2019 年主要电力企业净资产收益率平均值

从火电、水电和电网行业主要企业净资产收益率平均值来看，水电主要企业净资产收益率平均值总体高于火电和电网企业，电网企业收益率相对较低。2019 年水电净资产收益率平均值为 12.7%，同比降低 1.4 个百分点；2019 年火电净资产收益率平均值为 5.2%，同比增长 0.7 个百分点，2015 年以后火电企业收益整体降幅较大；2019 年电网企业净资产收益率为 3.3%，与 2018 年基本持平。

1.3　电力行业发展形势

1.3.1　能源领域形势

根据国务院政府工作报告，2019 年能源电力领域主要工作安排及发展形势如下：

1）深化电力市场化改革，清理电价附加收费，降低制造业用电成本，一般工商业平均电价再降低10%。

2）促进新兴产业加快发展，深化大数据、人工智能等研发应用，培育新一代信息技术、高端装备、新能源汽车等新兴产业集群，壮大数字经济；支持新业态新模式发展，促进平台经济、共享经济健康成长；加快在各行业各领域推进“互联网+”。

3）打好精准脱贫攻坚战，加大“三区三州”等深度贫困地区脱贫攻坚力度，加强基础设施建设，落实对特殊贫困人口的保障措施；基本完成“十三五”易地扶贫搬迁规划建设任务，加强后续扶持。

4）壮大绿色环保产业。坚持源头治理，加快火电、钢铁行业超低排放改造；调整优化能源结构，推进煤炭清洁化利用；大力发展可再生能源，加快解决风、光、水电消纳问题。

5）推动共建“一带一路”，推动基础设施互联互通，加强国际产能合作，拓展第三方市场合作，推动对外投资合作健康有序发展，促进贸易和投资自由化便利化。

为承接落实国家能源工作部署，2019年国家能源局重点开展了以下9个方面的工作：①着力巩固煤炭、煤电去产能成效，增强安全保障能力，提升能源产业水平；②继续推进火电行业超低排放改造、光伏扶贫、农网改造、油品质量升级、北方地区冬季清洁取暖等重大工程；③扎实推进定点扶贫和对口支援工作，加大“三区三州”等深度贫困地区和特殊贫困群体能源脱贫攻坚力度；④推动能源装备制造业高质量发展，力争在解决“卡脖子”的问题上取得新突破；⑤加快电动汽车充电基础设施建设，大力发展清洁能源，培育新模式新业态消费市场；⑥深入落实乡村振兴战略，加快乡村地区可再生能源开发利用和新一轮农村电网升级改造，推动供气设施向乡村延伸；⑦积极服务保障区域协调发展，找准定位、细化方案，为西部大

开发、东北全面振兴、中部地区崛起、东部率先发展等战略实施提供坚实能源保障；⑧深化能源重点领域改革，针对突出矛盾和关键环节，加快改革步伐，深入推进电力体制改革，配合推进油气管网运营机制改革，深化“放管服”改革，进一步推动降低用能成本，激发能源发展活力；⑨提高“一带一路”能源合作水平，加大重大项目和产能合作，积极推动国际能源治理变革。

1.3.2　电力行业发展现状

2019年我国电力行业发展情况主要总结说明如下：

(1) 一般工商业电价连续第二年再降10%。为了完成政府工作报告中提出的降价目标，2019年3月29日和5月15日，国家发展改革委分别发布《关于电网企业增值税税率调整相应降低一般工商业电价的通知》（发改价格〔2019〕559号）和《关于降低一般工商业电价的通知》（发改价格〔2019〕842号），分两批出台降电价措施。通过降低省级电网企业含税输配电价，降低电网企业固定资产平均折旧率0.5个百分点，以及对水电火电企业增值税、基金调整来让利下游等措施，年底总计降低企业用电成本846亿元，连续第二年实现全国一般工商业平均电价降低10%的目标。

(2) 在淘汰煤电落后产能、调整上网电价形成机制等政策后，火电迎来区域整合。2019年3月8日，为持续深入推进煤电行业供给侧结构性改革，国家发展改革委和国家能源局印发《关于深入推进供给侧结构性改革，进一步淘汰煤电落后产能，促进煤电行业优化升级的意见》（发改能源〔2019〕431号），对淘汰煤电落后产能工作提出指导意见。9月6日，国家能源局进一步发布《关于下达2019年煤电行业淘汰落后产能目标任务的通知》（国能发电力〔2019〕73号），对化解煤电产能过剩工作提出明确目标。

同时，为加快推进电力价格市场化改革，有序放开竞争性环节电力价格，10 月 21 日，国家发展改革委印发《关于深化燃煤发电上网电价形成机制改革的指导意见》（发改价格〔2019〕1658 号），要求从 2020 年 1 月 1 日取消煤电价格联动机制，将现行标杆上网电价机制，改为“基准价＋上下浮动”的市场化机制，同时强调电价在 2020 年暂不上浮，确保一般工商业平均电价只降不升。

在淘汰煤电落后产能，调整上网电价形成机制等政策后，为进一步打造高效清洁可持续发展的煤电产业，推动煤电企业转型升级，2019 年底，国务院国资委印发《中央企业煤电资源区域整合试点方案》，自 2019 年开始启动，用 3 年左右的时间开展中央企业重点区域煤电资源整合试点工作，选择煤电产能过剩、企业连续亏损的区域作为首批试点区域，包括甘肃、陕西、新疆、青海、宁夏 5 省。通过区域整合优化资源配置，淘汰落后产能，减少同质化竞争，缓解电力经营困难，提升企业经营效率。

(3) 风电、光伏上网电价全部竞争确定，风电面临国补取消迎来抢装潮。2019 年 4 月 28 日，为促进公平竞争和优胜劣汰，推动光伏发电产业健康可持续发展，国家发展改革委印发《关于完善光伏发电上网电价机制有关问题的通知》（发改价格〔2019〕761 号）。自 7 月 1 日起，将集中式光伏电站标杆上网电价改为指导价，新增集中式光伏电站上网电价原则上通过市场竞争方式确定，不得超过所在资源区指导价。

2019 年 5 月 21 日，为落实国务院关于风电 2020 年实现与煤电平价上网的目标要求，推动风电产业健康可持续发展，国家发展改革委印发《关于完善风电上网电价政策的通知》（发改价格〔2019〕882 号）。自 7 月 1 日起，对于陆上风电，将上网标杆电价改为指导价，新核准的集中式陆上风电项目上网电价全部通过竞争方式确定，且不高于项目所在资源区指导价，指导价低于当地燃煤机组标杆电价的，以燃煤机组标杆上网电价作为指导价；对于海上风电，将海上风电标杆上网电价改为指导价，新核准近海上风电项目通过竞争方式确定

上网电价，且不高于指导价，2019 年新核准近海上风电指导价调整为 0.8 元/kWh，2020 年下调至 0.75 元/kWh。

在风电上网电价政策稳定的前提下，受益于风电技术的逐步成熟，陆上风电和海上风电预期收益相对明确，受到 2020 年国补取消政策影响，我国风电迎来抢装潮。2019 年风电投资同比增长 81.3%，新增装机容量同比增长 21.2%，其中海上风电新增装机同比增长 70.7%。

(4) 风电、光伏补贴逐步下调，平价上网试点项目稳步推进。2019 年 1 月 10 日，为推动风电、光伏平价上网，国家发展改革委和国家能源局发布《关于积极推进风电、光伏发电无补贴平价上网有关工作的通知》(发改能源〔2019〕19 号)，提出开展平价上网和低价上网试点项目建设要求。5 月 20 日，国家发展改革委和国家能源局进一步发布《关于公布 2019 年第一批风电、光伏发电平价上网项目的通知》(发改能源〔2019〕594 号)，其中全国风电平价上网项目 56 个，装机容量 4.51GW；全国光伏发电项目 168 个，装机容量 14.78GW。通过推进平价上网试点项目，促进风电和光伏发电通过电力市场化交易逐步实现无补贴发展。

(5) 第二轮输配电价监审全面开展，成本监审与输配电定价办法趋严趋紧。2019 年 1 月，国家发展改革委启动第二轮电网输配电成本监审工作的实地审核，监审范围包括全国除西藏以外的 30 个省份省级电网和华北、华东、东北、西北、华中 5 个区域电网，进一步将输配电价改革向纵深推进。

为进一步完善对电网输配电成本的监管，深入推进输配电价改革，5 月 24 日，国家发展改革委和国家能源局对 2015 年制定的《输配电定价成本监审办法（试行)》进行修订，印发了《输配电定价成本监审办法》(发改价格规〔2019〕897 号)，进一步强化了成本监审的约束和激励作用，细化了成本分类及审核方法，规范了成本监审的程序要求。同时，为进一步提升输配电价核定的规范性、合理性，国家发展改革委于 2020 年 1 月和 2 月分别对《省级电网输配电价定价办法（试行)》《区域电网输电价格定价办法（试行)》做了修订，形成了

《省级电网输配电定价办法》《区域电网输电价格定价办法》，细化了核价范围，改进了核价方法。

(6) 电网企业加强精准投资，积极谋求转型发展。受到连续两年政策性降电价、售电量增速下滑等因素影响，电网企业利润明显下滑、中西部省级电网出现大面积亏损，倒逼电网企业加强精准投资。2019年10月24日，南方电网公司印发《关于优化投资和成本管控措施（2019年版）的通知》（南方电网计财〔2019〕43号），要求建立精准投资管控体系，实施最优成本管控策略。11月22日，国家电网公司印发《关于进一步严格控制电网投资的通知》（国家电网办〔2019〕826号），要求以产出定投入，严控电网投资规模，并聚焦投资效益，加强投资管理，提升经营绩效，保障电网可持续发展。该文件受到业界乃至全社会高度关注，国家电网公司紧接着于12月20日召开“稳投资保民生推动电网高质量发展”新闻发布会，提出要稳健投资、精准投资，充分发挥电网在稳增长、调结构、惠民生中的先导和带动作用的积极进展。2020年受疫情蔓延等多因素影响，国家电网公司又将2020年投资计划由4186亿元调增至4600亿元，以带动产业链上下游企业发展。此外，在能源电力新技术、新模式、新业态、新产业不断涌现的形势下，电网企业积极沿产业链上下游延伸，培育壮大新动能，谋求新形势下的转型发展。

1.3.3 电力市场化发展

2019年全国市场化交易电量达到2.83万亿kWh，同比增长37.2%，全社会用电量市场化率达到39.2%，较2018年提高9个百分点，市场化交易比重进一步提高。

(1) 经营性电力用户发用电计划全面放开。6月22日，为进一步全面放开经营性电力用户的发用电计划，提高电力交易市场化程度，国家发展改革委发布《关于全面放开经营性电力用户发用电计划的通知》（发

改运行〔2019〕1105 号），原则上全部放开经营性电力用户的发用电计划，经营性电力用户具体涵盖除居民、农业、重要公用事业和公益性服务等行业电力用户以及电力生产供应所必需的厂用电和线损之外的电力用户。

作为新一轮电力体制改革“放开两头”的重要内容，发用电计划放开的改革逐步推进，2017 年国家发展改革委和国家能源局发布《关于有序放开发用电计划的通知》，要求逐年减少既有燃煤发电企业计划电量，2018 年进一步发布《关于积极推进电力市场化交易，进一步完善交易机制的通知》，提出全面放开煤炭、钢铁、有色、建材四大行业用户发用电计划，直至 2019 年全面放开经营性发用电计划，进一步提高电力交易市场化程度。

(2) 电力中长期交易监管进一步加强

2019 年 9 月 4 日，为进一步加强电力中长期交易监管，规范市场交易行为，维护市场秩序，加快推进电力市场化改革，国家能源局印发《关于加强电力中长期交易监管的意见》（国能发监管〔2019〕70 号），提出了 12 项措施规范电力中长期交易，主要适用于电力市场交易规则执行和交易行为实施监管。12 月 21 日，国家发展改革委发布《关于做好 2020 年电力中长期合同签订工作的通知》，规范开展电力中长期市场交易，鼓励大水电、大核电、高效清洁煤电等跨省跨区优先发电电源与受电省签订 5 年或 10 年以上的长期合同。

(3) 电力现货市场建设试点深入推进

2019 年 7 月 31 日，为加快电力市场体系建设，深化电力现货市场建设试点工作，国家发展改革委和国家能源局印发《关于深化电力现货市场建设试点工作的意见》（发改办能源规〔2019〕828 号），针对南方（以广东起步）、蒙西、浙江、山西、山东、福建、四川、甘肃 8 个地区电力现货试点工作中的重点和共性问题，从合理设计电力现货市场建设方案、统筹协调电力现货市场衔接机制、建立健全电力现货市场运营机制、强化提升电力现货市场运营能力、规范建设电力现货市场运营平台等 8 个方面提出翔实指导，鼓励各地差异化探索，加快我国现代电力市场化体系建设步伐。

（4）电力辅助服务市场范围逐步扩大

2019 年 11 月 5 日，国家能源局发布《关于 2019 年上半年电力辅助服务有关情况的通报》。该通报显示，2019 年上半年，全国 20 个地区已启动电力辅助服务市场，参与发电企业数量达到 4566 家，总补偿费用 130.3 亿元，总补偿费用占上网电费比重约为 1.5%，其中：调频补偿费用占总补偿费用比为 20.7%，调峰占 38.4%，备用占 36.4%，电力辅助服务市场范围逐步扩大。

（5）增量配电改革试点推进相对缓慢

2019 年 1 月 5 日，为进一步推进增量配电业务改革，国家发展改革委和国家能源局印发《关于进一步推进增量配电业务改革的通知》（发改经体〔2019〕27 号），从规范项目业主确定，明确增量和存量范围，做好增量配电网规划工作，规范增量配电网投资建设与运营 4 个方面提出了 30 条较为详细的措施，为增量配电业务改革推进工作提供了政策指引。

4 月 3 日，国家发展改革委和国家能源局再发《增量配电业务改革试点项目进展情况通报（第二期）》（发改办体改〔2019〕375 号），截至 2019 年 1 月 31 日，第一批 106 个增量配电网改革试点项目中开工建设的只有 20 个，建成投产的只有 5 个，仍有 12 个项目业主尚未确定，28 个项目没有开工，对此相应提出了严厉的解决措施。

9 月 29 日，国家发展改革委和国家能源局出台《关于取消部分地区增量配电业务改革试点的通知》（发改办体改〔2019〕948 号），将增量配电网改革试点中难以推进的试点剔除出去。截至 8 月 31 日，总计 24 个项目申请取消增量配电业务改革试点，经评估认定，国家发展改革委、国家能源局同意上述 24 个增量配电业务改革试点项目取消试点资格。

为加快向社会资本放开配售电业务，将增量配电试点向县域延伸，在各地推荐报送和评估论证的基础上，国家发展改革委和国家能源局 6 月 26 日印发

《关于规范开展第四批增量配电业务改革试点的通知》（发改运行〔2019〕1097），明确甘肃酒泉核技术产业园等 84 个项目，作为第四批增量配电业务改革试点，并从加强沟通协调和全过程管控等 5 个方面提出了明确的意见和要求。10 月 28 日，国家发展改革委和国家能源局进一步印发《关于请报送第五批增量配电业务改革试点项目的通知》（发改办运行〔2019〕1004 号），要求做好第五批试点项目的报送工作。虽然增量配电改革试点推进缓慢，但国家推进增量配电改革的决心没有动摇，需要各方共同努力。

第 2 章

火电投资及发展形势分析

2.1　火电投资情况

2.1.1　投资完成情况

（1）投资完成额。2019 年，火电投资完成额 630 亿元，再创 2003 年以来历史新低，同比降低 156 亿元，已连续四年下降，同比降幅达 19.8%。

2010 年以来，我国火电投资完成额总体呈现波动中明显下降的趋势，由 2010 年的 1426 亿元降至 2019 年的 630 亿元，总体降幅达到 55.8%。2010—2019 年火电投资完成额如图 2-1 所示。

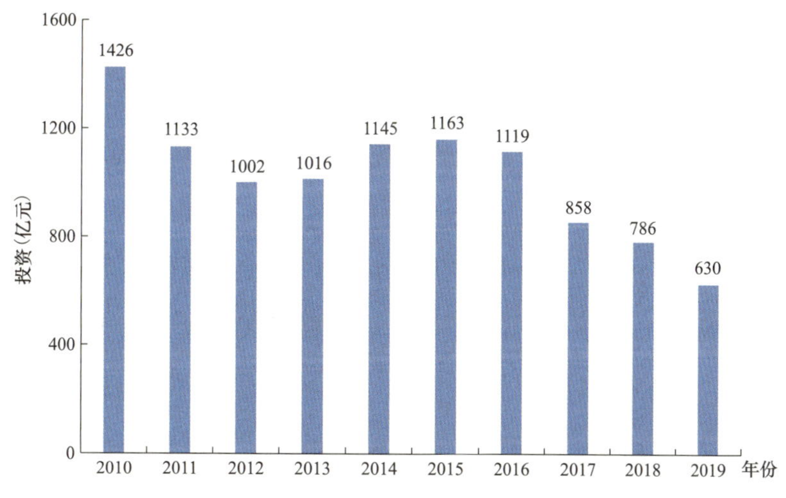

图 2-1　2010—2019 年火电投资完成额

（2）火电投资在电源总投资中占比情况。火电投资完成额在电源总投资中占比呈波动下降的发展态势。2019 年占比进一步降至 20.1%，同比降低 8.1 个百分点，处于近十年以来的历史最低水平。能源转型要求使得火电领域缺乏投资信心，叠加持续低迷的财务表现影响，火电投资难有大的起色。2010—2019 年火电投资在电源总投资中占比情况如图 2-2 所示。

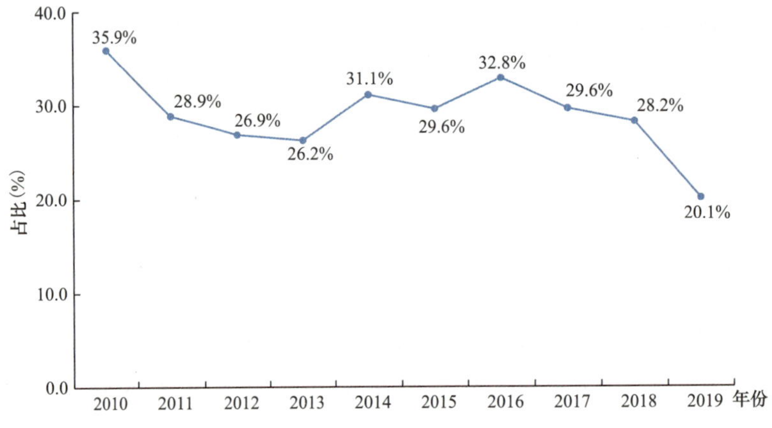

图 2-2　2010—2019 年火电投资在电源总投资中占比

2.1.2　成本情况

火电成本情况是行业投资吸引力、行业投资回报的重要影响因素。本报告从建设成本（燃煤发电工程单位造价）和主要运行成本（电煤采购成本）两个方面具体说明火电成本情况。

（1）燃煤发电工程单位造价。2019 年，燃煤发电工程单位造价同比略有提升，2×35 万 kW 超临界、2×66 万 kW 超超临界和 2×100 万 kW 超超临界燃煤发电工程单位造价分别为 4287、3539、3222 元/kW。同比分别上涨 3.3%、2.9%、2.2%。建筑材料价格上涨是不同容量燃煤发电机组的建筑工程费均呈现上涨态势的主要原因。

2010 年以来，我国燃煤发电工程单位造价总体呈波动中有所提升的发展态势。2010—2019 年燃煤机组发电工程单位造价如图 2-3 所示。

（2）电煤采购成本。电煤采购成本在煤电总成本中占比近 70%，电煤价格对火电企业的重要性不言而喻。当前国内应用较广的煤电价格指数包括中国电煤价格指数（CTCI）、环渤海价格指数（BSPI）和中国电煤采购价格指数（CECI）等。其中，CECI 于 2017 年 11 月 17 日由中国电力企业联合会首次对

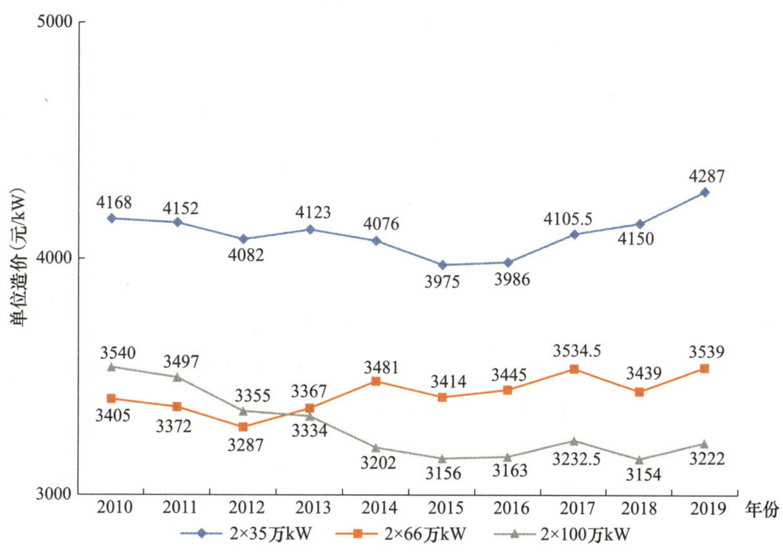

图 2-3 2010—2019 年燃煤机组发电工程单位造价

外发布，是反映发电侧电煤采购成本的电煤指数，纳入了年度中长期合同定价机制，样本覆盖面较广、行业代表性较强。出于数据特点和尽可能统一数据来源等因素的考虑，本报告采用 CECI 作为电煤价格分析依据。

由于煤矿优质产能逐步释放，进口煤调节作用较好发挥，电煤供应由紧平衡转变为总体平衡，电煤价格下行趋势较为明显，电煤价格回归绿色区间。尤其是 2019 年 11 月以来，电煤各期价格几乎始终运行在国家发展改革委印发的《关于印发平抑煤炭市场价格异常波动的备忘录的通知》（发改运行〔2016〕2808 号）规定的绿色区间（合理价格区间），扭转了 2018—2019 年 11 月几乎均在绿色区间以上运行的煤价高企局面（价格异常上涨）（绿色区间上限为 500～570 元/t，即图中绿线所构区间，蓝色区间为 570～600 元/t 或 470～500 元/t，即图中绿线和红线所构区间，600 元/t 以上或 470 元/t 以下为红色区域，即图中红线以上或以下区间）。截至 2020 年 5 月，中国电煤采购价格指数（CECI）5500 大卡成交价在 468～635 元/t 区间波动。2020 年 5 月煤电成交价在洼地连续两期强力反弹，位于绿色区间上半区。2020 年，煤价有望稳固在绿色区间。

中国电煤采购价格指数（CECI）5500 大卡综合价和成交价具体如图 2-4 所示。

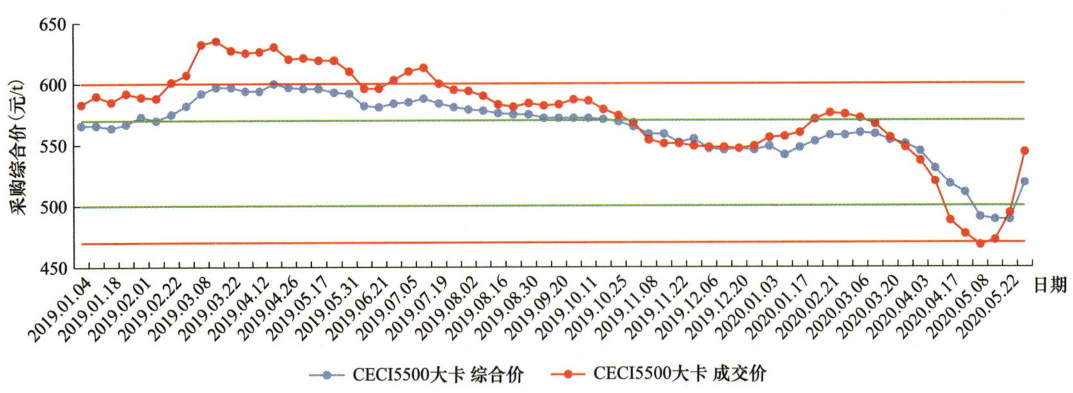

图 2-4　中国沿海电煤采购价格指数（CECI 沿海指数）周价格

注：由于年度合同尚未签订，2020 年 1 月 10 日以来综合价是预结算价。

2.1.3　煤电规划建设风险预警情况

为增强电力、热力供应保障能力，更好地指导地方和发电企业按需有序核准、建设省内自用煤电项目，引导企业理性投资，国家能源局持续公布分省煤电规划建设风险预警结果。预警结果从经济性预警情况、装机充裕度预警情况、资源约束预警情况等多个维度描绘火电整体投资状况。本报告就与投资更相关的经济性预警情况和装机充裕度预警情况进行具体展示与分析。

经济性预警指标评价结果分为红色、橙色和绿色三种状态。投资回报率低于当期中长期国债利率的为红色预警；投资回报率在当期中长期国债利率至一般项目收益率（电力项目通常为 8%）之间的为橙色预警；投资回报率高于一般项目收益率的为绿色。煤电装机充裕度预警指标评价结果分为红色、橙色和绿色三种状态。煤电装机明显冗余、系统备用率过高的为红色预警；煤电装机较为充裕、系统备用率偏高的为橙色预警；电力供需基本平衡或有缺口的、系统备用率适当或者偏低的为绿色。

国家能源局印发《国家能源局关于发布 2023 年煤电规划建设风险预警的通

知》（国能发电力〔2020〕12 号，简称《通知》）。《通知》指出，2023 年火电经济性发展基本延续了上年状况；装机充裕度得到改善，红色省份数量由 8 个大幅降至 3 个，绿色和橙色省份数量则相应分别提升 1 个和 4 个。2020－2023 年，火电经济性情况整体稳定，变化不大。随着近年来经济社会发展和煤电增量控制，火电装机冗余的局面得到了一定改善。2020－2023 年煤电规划建设风险预警省份数量评价结果如表 2-1 所示。

表 2-1　　2020－2023 年煤电规划建设风险预警省份数量　　单位：个

年　份		2020	2021	2022	2023
经济性预警情况	红色	11	8	10	10
	橙色	3	3	2	1
	绿色	17	20	19	20
装机充裕度情况	红色	3	17	8	3
	橙色	4	4	2	3
	绿色	24	10	21	25

注　1. 2020 年国家能源局公布 2023 年规划建设风险预警情况。内蒙古分蒙东和蒙西统计；河北分冀南和冀北统计。西藏和北京未来不发展煤电，不在统计范围内。
2. 统计范围不包括我国港、澳、台地区，全书同。

2.1.4 火电投资政策环境

2019 年 10 月，国家发改委印发《关于深化燃煤发电上网电价形成机制改革的指导意见》（简称《意见》）。《意见》中改革举措主要有 5 项。①将现行标杆上网电价机制改为“基准价＋上下浮动”的市场化价格机制，基准价按各地现行燃煤发电标杆上网电价确定，浮动幅度范围为上浮不超过 10%、下浮原则上不超过 15%。②现执行标杆上网电价的燃煤发电量中，具备市场交易条件的，上网电价由市场化方式在“基准价＋上下浮动”范围内形成；暂不具备市场交易条件或没有参与市场交易的工商业用户用电对应的电量，仍按基准价执行。③燃煤发电电量中居民、农业用户用电对应的电量仍按基准价执行。④已按市场化交易规则形成上网电价的燃煤发电电量，继续按现行市场化规则执行。⑤燃煤发电上网电价形成机制改革后，现行煤电价格联动机制不再执行。此次改革将燃煤发电标杆上网电价和煤电价格联动机制改为市场化浮动价格机制，能够更有效反映电力供求变化，更及时地调整电价，更有利于促进电力市场加快发展，保障行业上下游平稳运行。本报告认为此次煤电价格机制的改变对煤电企业盈利影响有限。由煤电价格机制改变以来火电企业估值指标持续走低的市场表现来看，市场对其在煤电燃料成本的疏导效果方面预期仍较为悲观。若无法更好地疏导煤电燃料成本，煤电亏损面持续过半的局面很难由此得到扭转。

受煤价高企（2019 年电煤采购平均价格水平仍在绿色区间之上）、煤电产能过剩、市场竞价加剧等因素叠加影响，煤电企业生产经营陷入严重困难，如 2018—2019 年，火电企业亏损连续两年超过 50%，多发生在西北和西南地区，其正常生产经营已难以为继。2019 年，国资委印发《中央企业煤电资源区域整合试点方案》。该方案是从解决产能过剩和同质化竞争的角度出发，试点经营改善效果，以期扭转当前大量亏损的局面。同时方案还要求严格控制新增产能，属于国内电力产能预警红色和橙色等级的省区，自开展煤电资产重组起，原则上停止新建煤电投资项目、新增产能的煤电技术改造项目，确需新立项的项目需征得区域牵头单位同意。方案明确了华能牵头甘肃，大唐牵头陕西，华电牵头新疆，国电投牵头青海，国家能源集团牵头宁夏。

2020 年 5 月 22 日，国资委印发《关于印发中央企业煤电资源区域整合第一批试点首批划转企业名单的通知》。甘肃、陕西、新疆、青海和宁夏 5 个试点区域 48 户煤电企业（或项目）中 40 户划转，8 户由于煤电一体化、自备电厂和已签订股权转让协议等原因暂不划转。40 户划转企业共涉及火电装机容量 3262.9 万 kW，其中甘肃、陕西、新疆、青海和宁夏分别为 1261.5 万、908 万、629.4 万、130 万、334 万 kW；各发电集团层面，国家能源集团、大唐、华电、华能和国电投划出资产涉及装机容量分别为 652 万、501.5 万、704 万、790 万 kW 和 615.4 万 kW。各发电集团净划转具体如表 2-2 所示。各集团净划

转差距较明显。按政策，划转差异将在以后试点批次中适当平衡。试点省份煤电主体大幅减少，基本仅剩牵头能源集团以及地方能源集团，煤电企业的议价能力得到提升。

表 2-2 五大发电集团煤电资源区域整合划转情况 单位：万 kW

发电集团	国家能源集团	大唐	华电	华能	国电投
划入	334	908	629.4	1261.5	130
划出	652	501.5	704	790	615.4
净划入	-318	406.5	-74.6	471.5	-485.4

2.2 火电供应情况

火电装机容量增速、发电量增速和利用小时水平均处于历史较低水平。火电供应总量虽仍在增加，但增速明显放缓。

2.2.1 装机容量

煤电仍延续新增装机低增速增长的发展趋势，新增装机容量再创近十年新低。

（1）新增装机容量。2019 年，火电新增装机容量 4092 万 kW，同比降低 27 万 kW，仍延续降低态势，再创十年新低。2010 年以来，我国火电新增装机容量呈现波动中显著降低的发展态势，近年来新增装机容量在低位渐趋稳定。2010—2019 年火电新增装机容量如图 2-5 所示。

（2）累计装机容量。

1）火电累计装机发展现状及趋势。2019 年，火电累计装机容量 119 055 万 kW。2019 年火电累计装机容量呈现两个特征：①燃煤机组装机仍是火电装机的绝对主力，但占比有所降低。2019 年燃煤机组累计装机容量占比进一

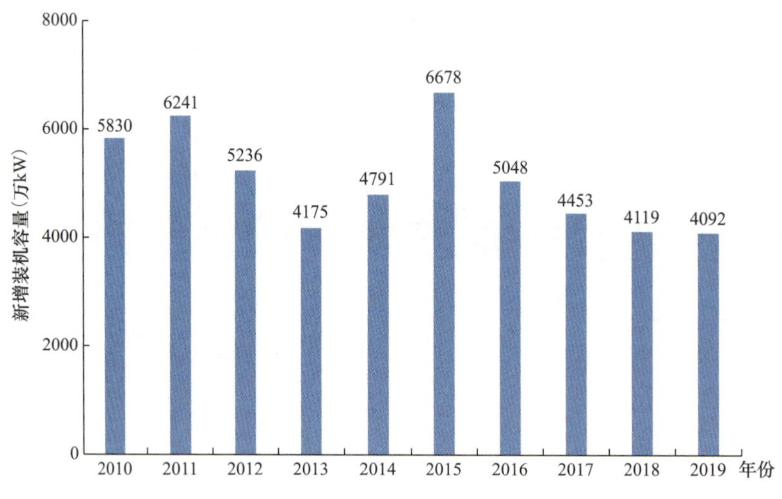

图 2 - 5　2010—2019 年火电新增装机容量

步降至 87.7%，是近年来的最低水平。②煤电持续清洁高效发展，如淘汰关停落后煤电机组、强化煤电超低排放和节能改造。2019 年淘汰关停 2000 万 kW煤电机组，超额完成去产能目标。2010—2019 年火电累计装机容量如图 2 - 6 所示。

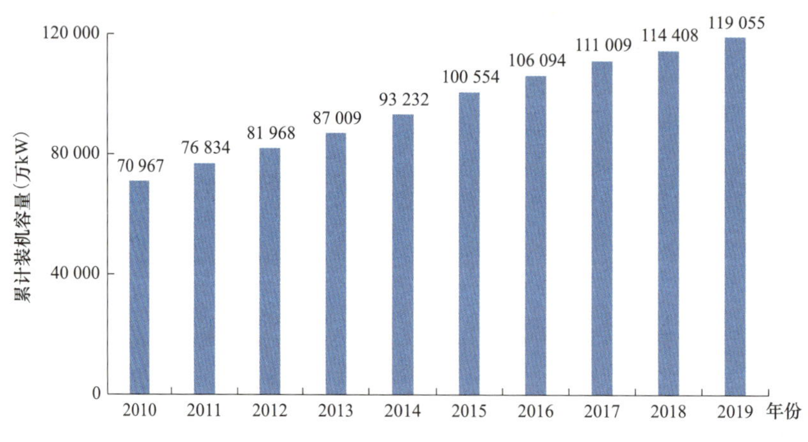

图 2 - 6　2010—2019 年火电累计装机容量

2）火电累计装机容量在电源总装机容量中占比。随着近年来可再生能源的高速发展，2019 年火电累计装机容量在我国电源总装机容量中占比 59.2%，

同比降低 1 个百分点，首次低于 60%，但短期内火电在我国能源体系中主体电源的地位不会动摇。2010 年以来装机容量占比呈逐年小幅降低的发展态势。2010—2019 年火电累计装机容量在我国电源总装机容量中占比情况如图 2-7 所示。

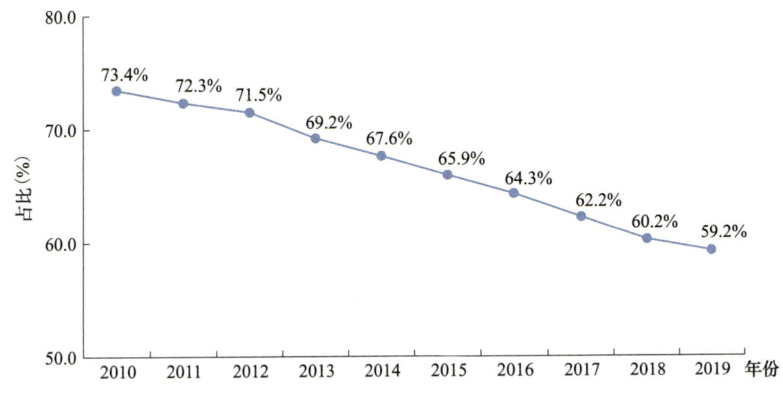

图 2-7　2010—2019 年火电累计装机容量在电源总装机容量中占比

（3）2019 年各省火电累计装机容量。2019 年，江苏继山东之后，成为全国第二个火电累计装机容量突破 1 亿 kW 量级的省份，山东和江苏累计装机容量分别达到 10 713 万 kW 和 10 050 万 kW。山东、江苏、内蒙古、广东、河南、山西和浙江七省累计装机容量 5.8 亿 kW，约占全国火电总装机容量的 50%。全国仅 11 省份累计装机容量超过全国平均水平，火电装机容量较为集中。除内蒙古外，其他火电大省大部分严重依赖外省的煤炭资源，火电燃料资源与负荷需求呈显著的逆向分布特性。2019 年各省累计装机容量具体如图 2-8 所示。

2.2.2　发电量

（1）火电发电量现状及发展趋势。2019 年，火电发电量首次突破 50 000 亿 kWh，达到 50 450 亿 kWh，同比增长 1201 亿 kWh，同比增速 2.4%，较年均增速 4.4%低 2 个百分点，处于 2010 年以来较低水平。

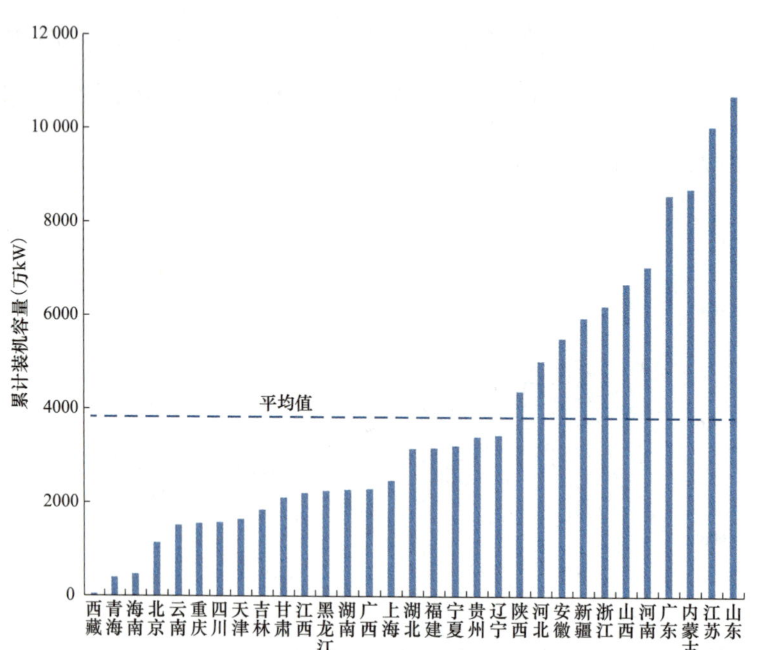

图 2-8　2019 年各省累计装机容量

2010 年以来，我国火电发电量呈现波动中有所增长的发展趋势，增速呈现出放缓提升的新迹象，发电量由 2010 年的 34 166 亿 kWh 增至 2019 年的 50 450 亿 kWh，总体增幅 47.7%。发电结构方面，燃煤发电量占比逐年降低，但仍略高于 90%，燃气发电以明显高于火电同期增速的水平持续增长。2010—2019 年火电发电量如图 2-9 所示。

图 2-9　2010—2019 年火电发电量

（2）火电发电量在全国发电总量中占比。随着我国电源侧持续推进煤炭清洁利用和清洁替代，火电发电量在全国发电总量中占比呈逐年降低态势，但在今后一个时期内主体地位不会动摇，2019 年首次占比为 68.9%低于 70%，同比降低了 1.5 个百分点。2010—2019 年火电发电量在全国发电总量中占比情况如图 2-10 所示。

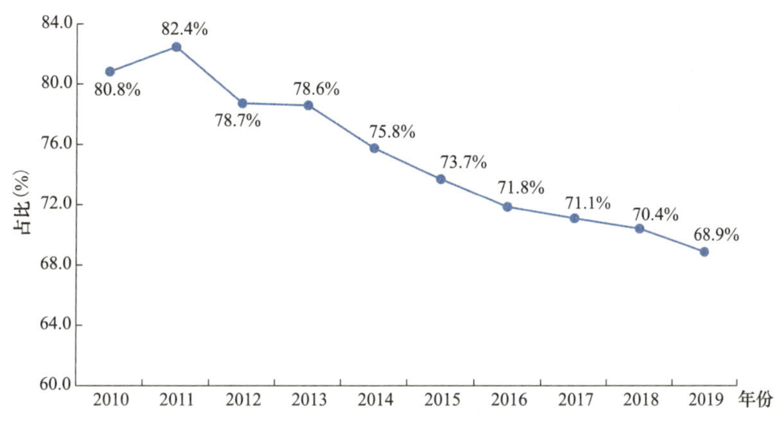

图 2-10　2010—2019 年火电发电量在全国发电总量中占比

（3）2019 年各省火电发电量情况。2019 年，山东、江苏、内蒙古、广东、山西、河北和河南七省发电量达25 463 亿 kWh，约占全国火电总发电量的 50%，全国仅 11 省份发电量超过平均水平。火电发电量区域上较为集中。山东、内蒙古和江苏三省火电发电量均超过 4000 亿 kWh，其中山东和江苏均同比降低，山东同比降幅高达 12.8%，内蒙古多为外送，火力发用电大省的火电发展受到了限制。各省火电发电量具体如图 2-11 所示。

2.2.3　发电设备利用小时

（1）全国火电发电设备利用小时情况。2019 年，6000kW 及以上电厂火电发电设备利用小时为 4293h，同比降低 85h，同比降幅 1.9%，仍在低位水平持续下探。

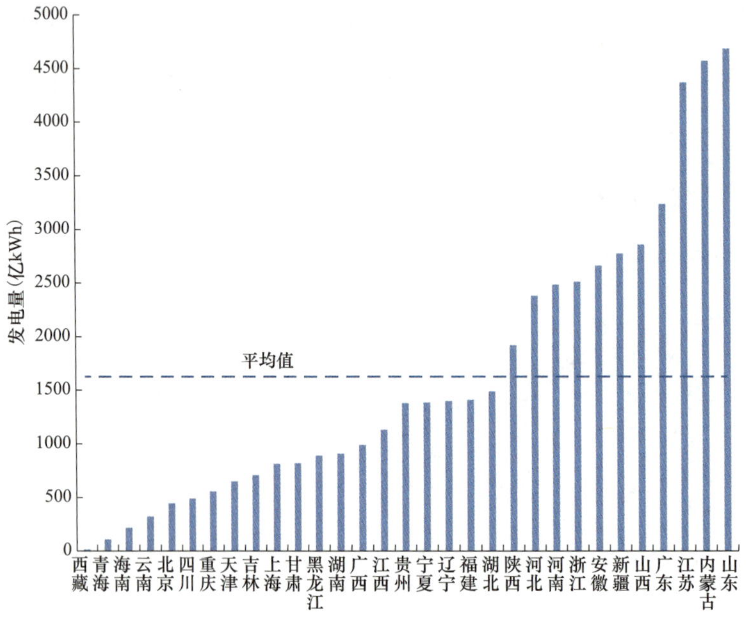

图 2-11　2019 年各省火电发电量

2010 年以来，我国 6000kW 及以上电厂火电发电设备利用小时呈现局部波动、整体降低显著的发展趋势，由 2010 年的 5031h 降至 2019 年的 4293h，总体降低了 14.7%。2010—2019 年 6000kW 及以上电厂火电发电设备利用小时如图 2-12 所示。

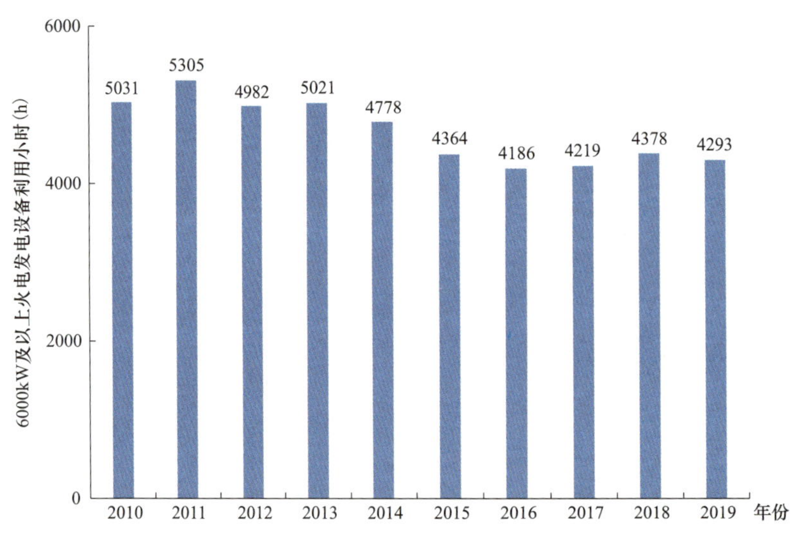

图 2-12　2010—2019 年 6000kW 及以上电厂火电发电设备利用小时

（2）2019 年各省火电设备利用小时情况。2019 年，6000kW 及以上电厂火电发电利用小时超过全国平均利用水平的省共计 14 个，占比 45.2%。在全国累计装机容量超 6000 万 kW 的七个省份中，山东、江苏、内蒙古和山西四省高于全国平均利用小时，广东、河南和浙江则低于全国平均利用小时。各省 6000kW 及以上电厂火电发电设备利用小时具体如图 2-13 所示。

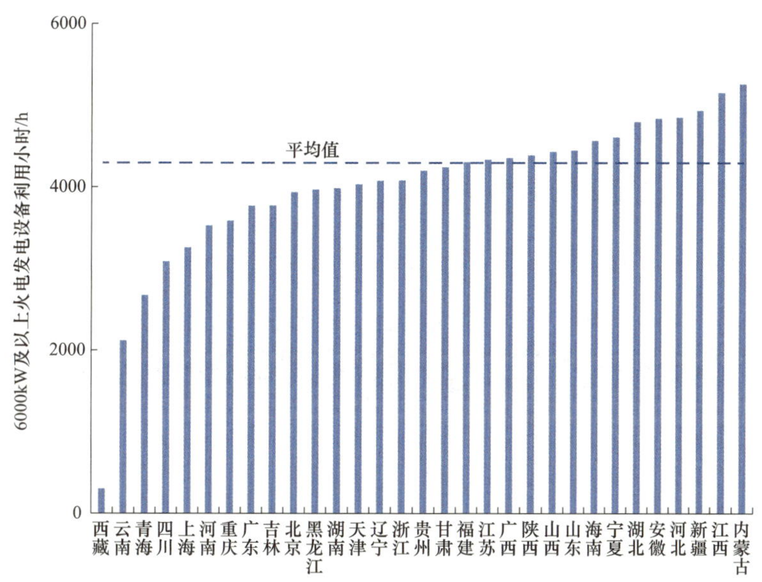

图 2-13　2019 年各省 6000kW 及以上火电发电设备利用小时

2.3　火电盈利情况

2019 年，发电集团呈现两个特征：①从民营企业手中大量收购风电和光伏等可再生能源资产。②出售亏损的煤电资产，申请亏损企业破产清算。仅 2019 年下半年，国投电力一次性出售价值近百亿的 6 处火电项目；大唐集团出售 4 处火电厂股权，并申请 1 处火电厂的破产清算；国电电力云南宣威火电厂破产清算；华能集团关停 1 处火电厂，1 处火电厂申请破产清算。当前，火电发展较为艰难。火电领域仅靠自身的经营改善，是难以扭转当前过半亏损的局面。

火电上市企业盈利指标表现（综合财务指标）是火电盈利情况的最直观展现。本节火电综合财务指标是由32家上市火电企业财务指标综合统计而来，具体选取了销售毛利率、销售净利率、总资产收益率、净资产收益率和资产负债率等五项核心财务指标。

（1）火电主要综合财务指标表现。2019年，火电综合财务指标同比略微有所提升，但仍未改善整体低迷的现状。在经过2013—2016年4年“舒适期”后，火电主要财务指标整体走低，除在防范化解重大风险要求下持续降低的资产负债率指标向好发展外，其他财务指标普遍均处于近十年历史低位水平。主要财务指标如表2-3所示。

表2-3　2010—2019年31家火电上市公司主要综合财务指标　单位：%

年份	2010	2011	2012	2013	2014	2015	2016	2017	2018	2019
销售毛利率	12.7	11.4	18.1	24.1	26.8	29.9	23.6	14.0	14.8	17.6
销售净利率	4.5	2.9	6.7	11.2	12.4	14.4	10.4	3.3	4.4	5.4
净资产收益率	6.9	4.7	10.4	15.2	14.4	13.6	7.9	3.0	4.5	5.2
总资产收益率	1.7	1.1	2.6	4.3	4.3	4.5	2.9	1.1	1.5	1.9
资产负债率	75.7	77.0	75.3	71.8	69.9	67.5	66.7	69.1	68.5	65.6

火电估值指标呈降低趋势，市场对火电预期较为悲观。市盈率、市净率和市销率三大指标近年来均呈现显著的逐年降低趋势。2019年，市盈率、市净率和市销率为2010年以来的较低水平，主要是受火电发电量增长乏力、电价悲观预期等因素影响。2010—2019年火电估值指标如图2-14所示。

（2）煤与电间的“跷跷板”规律。火电总成本中燃煤成本占比高达70%左右，Wind统计了25家上市原煤开采企业财务指标，综合得出煤炭主要上市公司2010—2019年主要财务指标如表2-4所示。煤炭企业主要财务指标表现普遍优于火电企业，但两者差距已呈现进一步缩小的发展趋势。

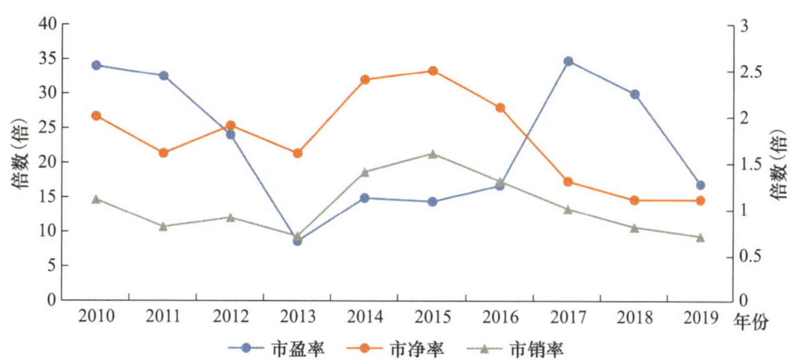

图 2-14　2010—2019 年火电估值指标

表 2-4　　2010—2019 年煤炭主要财务指标　　单位:%

年份	2010	2011	2012	2013	2014	2015	2016	2017	2018	2019
销售毛利率	34.2	30.4	26.0	25.4	25.0	24.4	27.5	31.5	31.6	28.7
销售净利率	16.8	14.1	11.3	9.0	6.9	0.3	6.7	12.1	11.9	10.9
净资产收益率	20.1	19.9	15.9	10.5	6.2	−0.7	4.9	12.2	12.01	11.1
总资产收益率	11.2	10.8	8.3	5.4	3.3	0.1	2.5	5.9	6.1	5.7
资产负债率	41.5	44.6	46.8	49.3	51.2	54.3	52.6	51.6	50.6	49.2

2010 年以来，火电企业和煤炭企业存在着周期性的“跷跷板”现象，收益率指标大致呈现出此起彼落的规律。火电和煤炭的效益指标变动趋势具体如图 2-15 所示。在煤价高企和煤价疏导机制不畅的背景下，火电背负着较沉重的且

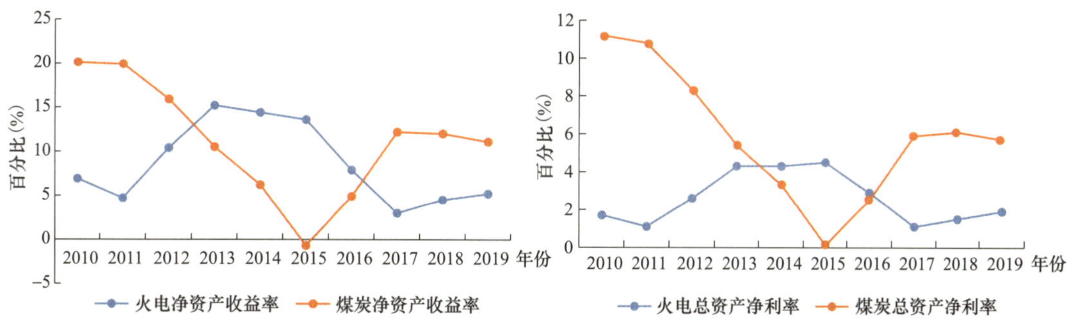

图 2-15　2010—2019 年火电企业和煤炭企业收益率变动趋势对比

难以有效疏导的燃料购置负担，这也是 2017—2018 年火电亏损连续两年超过 50%、2019 年亏损不会有大的改善的主因所在。只有煤价处于合理价格区间，煤与电才能共同发展。

从更长远来看，随着光伏和风电市场竞争力的不断提升，相较煤电，光伏和风电最终必将成为更廉价的电源。除环保压力外，火电未来将更多担忧市场化竞价下竞争力降低所带来的市场份额被蚕食的冲击。但火电在电力系统中发挥的安全稳定作用，在较长时间内都不可替代，因而保证火电行业的可持续发展也至关重要。

2.4 火电发展前景展望

（1）投资趋势。未来三年，在环保要求不断提升的大环境下，煤电投资强度将延续当前持续走低的发展态势，但仍会有一定发展。主要原因如下：①由于环保要求趋严，国家严控煤电发展。②受宏观经济发展和新冠疫情影响，稳投资是我国当前一项重大政治任务，火电建设投资巨大，拉动作用明显，是稳投资的一个重要抓手。目前已经有大量火电项目在开展前期和设计工作，最终很多都会转化成实际投资。③2020 年我国非化石能源费发电量装机容量占我国总装机容量的比重将达到 43.6%，新能源发电装机比重的快速提升对电力系统调峰能力需求进一步提升，考虑到火电在当前电力安全可靠供应中的主体地位，火电装机容量仍未达峰，火电要发展且仍有一定空间。受疫情和经营状况的影响，预计 2020 年火电投资将出现较大幅度下滑，2021 年投资下降幅度将有所减缓。

（2）电煤价格。未来三年，火电对电煤价格反应及时性将有所提升，火电的电煤采购价格大部分时间将回归合理区间（绿色区间）运行，火电企业的电煤采购环境将有所改善。主要原因如下：①煤电价格机制根本改变，由煤电联动机制改为“基准价＋上下浮动”机制。较标杆电价时代，煤电电

价对煤炭价格的反映将更及时，调整更频繁，有利于释放电煤成本上涨时的经营压力。②政策层面帮助火电企业扭亏减亏的力度较大，且绿色区间是煤电两利的合理区间，未来煤价有望稳固在或略高于绿色区间。③可再生能源在未来电源结构中的角色将由过去的“补充能源”向“替代能源”稳步转变，再叠加我国经济由高速增长向高质量发展转变的因素影响，煤炭供需关系将由过去剧烈波动向平稳窄幅波动转变。预计 2020 年 CECI 5500 大卡综合价将在绿色区间运行，2021 年 CECI 5500 大卡综合价将在蓝色区间运行。

（3）供应形势。未来三年，火电供应状况将呈现总体有所增长，但增速放缓，发电量和装机容量占比继续小幅下降的发展趋势。主要原因如下：①火电具有进一步发展的基础。煤电在当前及今后较长一段时期内的主力电源地位仍不容撼动，煤电装机容量仍未达峰，电力安全可靠供应仍主要依赖于煤电；②火电发展的制约因素未减，替代因素高速发展，供应市场份额将逐渐降低。在能源转型和完成碳减排的国际承诺等背景下，严控煤电新增产能的制约环境仍将会延续，同时替代能源发展日新月异，火电发电量占比和装机容量占比双降的趋势必将延续。预计 2020 年和 2021 年煤电年新增装机容量均会同比下降，发电利用小时会有小幅波动。

（4）盈利状况。未来三年，火电盈利状况有望得到改善。主要原因如下：①随着国资委在西北等央企煤电集中亏损区域实行“一企包一省”政策，煤电资源在区域上得到整合，资源区域整合使得各省火电运营建设的竞争只在牵头发电集团和本地能源集团之间发生，会较为显著地提升火电运营企业在电煤采购和参与市场竞价中的议价能力，过去电煤高企和电力市场交易导致电价折扣，进而压缩煤电盈利空间的局面有望得到缓解。②未来煤炭需求将有所降低，煤炭供需趋稳会带来煤价下行直至趋稳于绿色区间附近，火电企业有望实现盈利的稳定性。预计 2020—2021 年，火电盈利状况将有较大幅度改善。

（5）综合展望。未来三年，煤电投资强度将延续当前持续走低的发展态势；电煤采购价格将多位于绿色和蓝色区间运行；生产供应空间（具体体现在各电源类型中装机容量占比和发电量占比）将持续小幅释放，可再生能源相应补缺；火电盈利有望得到改善，亏损面将有所缩小，但整体而言，火电扭亏减亏是当务之急，“紧日子”状态仍将延续，发展态势严峻。

第 3 章

水电投资及发展形势分析

3.1 水电投资情况

3.1.1 投资完成情况

（1）水电投资完成额。2019 年，水电投资完成额 814 亿元，同比增长 52 亿元，同比增幅高达 20.8%，连续第三年提升。2019 年，水电投资完成额仅次于风电，在所有电源中位居第二位。

2010 年以来，我国水电投资完成额总体呈现先增后降的波动趋势，整体投资规模由 2010 年的 819 亿元快速增长至 2012 年的 1239 亿元，此后水电投资连续四年下降。自 2016 年以来，水电投资完成额开始回升。2010—2019 年水电投资完成额如图 3-1 所示。

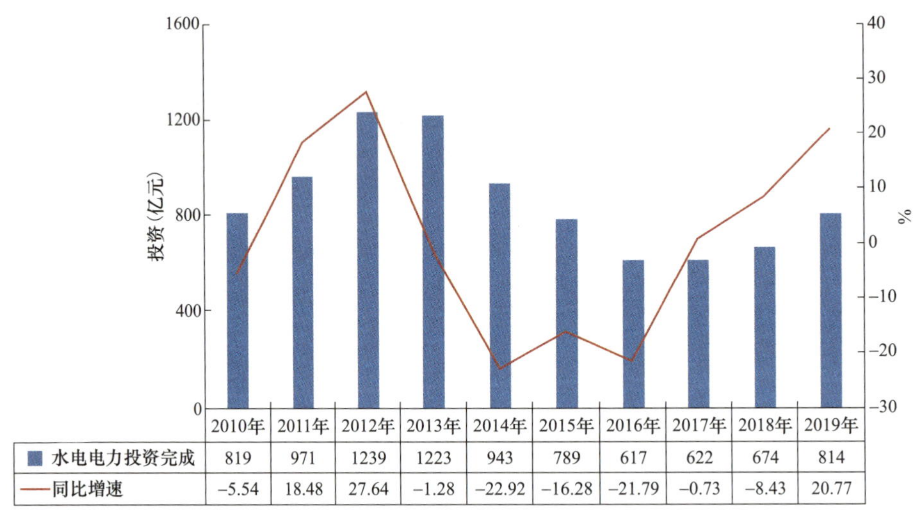

	2010年	2011年	2012年	2013年	2014年	2015年	2016年	2017年	2018年	2019年
水电电力投资完成	819	971	1239	1223	943	789	617	622	674	814
同比增速	-5.54	18.48	27.64	-1.28	-22.92	-16.28	-21.79	-0.73	-8.43	20.77

图 3-1 2010—2019 年水电投资完成额

（2）水电投资在电源总投资中占比。2019 年水电投资完成额在电源总投资中占比为 25.9%，连续第三年提升。2010 年以来，水电投资完成额在电源总投

资中占比呈较大幅度波动的发展态势。2010—2019 年水电投资在总投资中占比情况如图 3-2 所示。

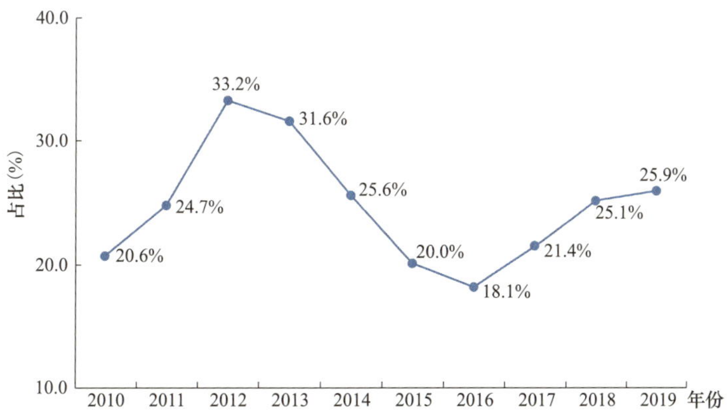

图 3-2　2010—2019 年水电投资在电源总投资中占比

3.1.2　成本情况

2019 年，我国常规水电工程单位造价为 9598 元/kWh，同比上升 2.6%。2010 年以来，我国水电工程单位造价整体提升明显。从决算数据看，2019 年常规水电工程造价同比略有提升。2010—2019 年水电工程单位造价如图 3-3 所示。

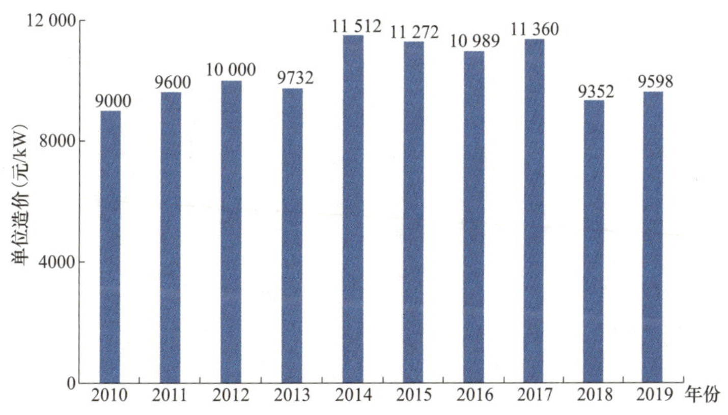

图 3-3　2010—2019 年水电工程单位造价成本

注：2017 年以前造价数据为概算数，2018 年及以后为决算数。

3.2 水电供应情况

随着我国水电建设推进，大部分条件较好的资源点已开发完毕，水电开发将向藏区、高海拔地区转移，未开发地区自然条件恶劣、施工难度大、建设运营成本高。

3.2.1 装机容量

（1）水电累计装机容量发展现状及趋势。2019 年，水电累计装机容量 35 640 万 kW，同比增长 414 万 kW，是 2010 年以来装机增量首次低于 500 万 kW 级。水电累计装机容量同比增幅 1.2%，为 2010 年以来最低水平，水电发展速度持续放缓。其中，抽水蓄能装机容量 3029 万 kW，同比增长 30 万 kW。

2010 年以来，我国水电累计装机容量逐年增长，总体增幅较大，但 2013 年以来，增速不断放缓。累计装机容量规模由 2010 年的 21 606 万 kW 增至 2019 年的 35 640 万 kW，总体增幅 65%，年均增长 1559 万 kW，年均增幅达 5.7%。2010—2019 年水电累计装机容量如图 3-4 所示。其中，抽水蓄能电站装机容量规

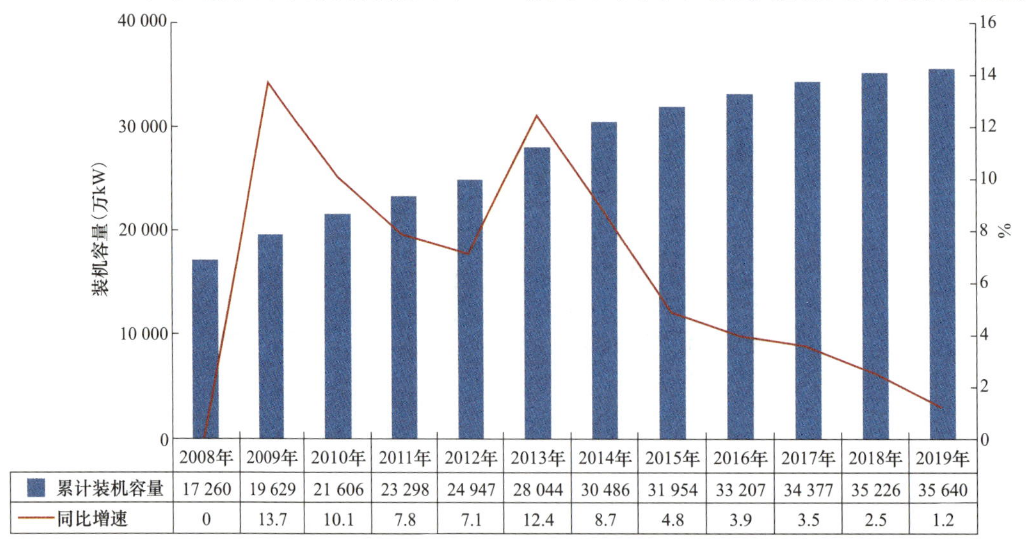

	2008年	2009年	2010年	2011年	2012年	2013年	2014年	2015年	2016年	2017年	2018年	2019年
累计装机容量	17 260	19 629	21 606	23 298	24 947	28 044	30 486	31 954	33 207	34 377	35 226	35 640
同比增速	0	13.7	10.1	7.8	7.1	12.4	8.7	4.8	3.9	3.5	2.5	1.2

图 3-4　2010—2019 年水电累计装机容量

模2010年以来总体增幅78.9%，年均增长155万kW，年均增幅6.7%。

（2）水电累计装机容量在总装机容量中占比。2019年水电累计装机容量在总装机容量中占比达到17.5%，同比降低0.8个百分点。水电累计装机容量在总装机容量中占比仅次于火电。除个别年份外，2010年以来水电累计装机容量在总装机容量中占比总体下降趋势明显，但第二电源地位仍相对稳固。2010—2019年水电累计装机容量在总装机容量中占比情况如图3-5所示。

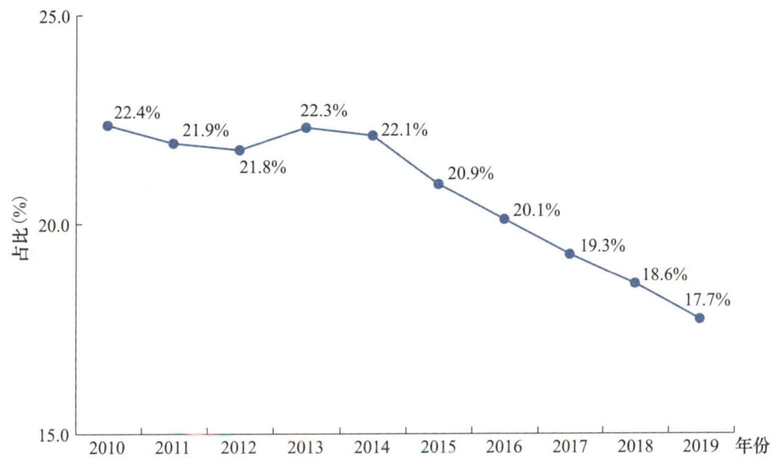

图3-5　2010—2019年水电累计装机容量在总装机容量中占比

（3）2019年各省水电累计装机容量。2019年，四川、云南、湖北三省水电装机容量较高，合计装机容量达18 304万kW，占全国水电总装机容量的51%，水电装机非常集中。各省水电累计装机容量具体如图3-6所示。

3.2.2　发电量

（1）水电发电量现状及发展趋势。2019年，水电发电量13 019亿kWh，同比增长690亿kWh，同比增幅5.6%。水电发电量增速有所提升的主要原因是来水情况良好和弃水情况改善。抽水蓄能电站主要作为调峰调频电源使用，自2010年以来，水电发电量占水电发电总量的比例均介于1%～3%。

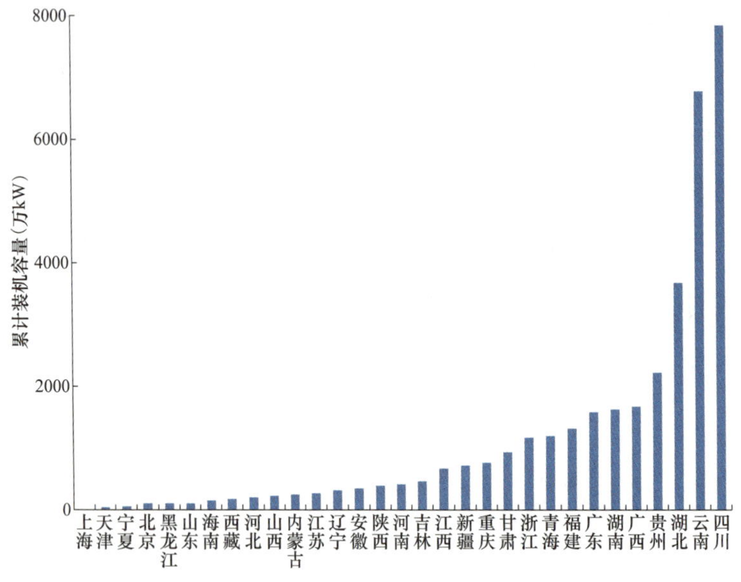

图 3-6　各省水电累计装机容量

2010 年以来，除个别年份外，我国水电发电量总体增幅明显，但近年来增速较缓。发电量由 2010 年的 6867 亿 kWh 增至 2019 年的 13 019 亿 kWh，总体将近翻番，年均增长 686 亿 kWh，年均增幅 7.4%。2010—2019 年水电发电量如图 3-7 所示。

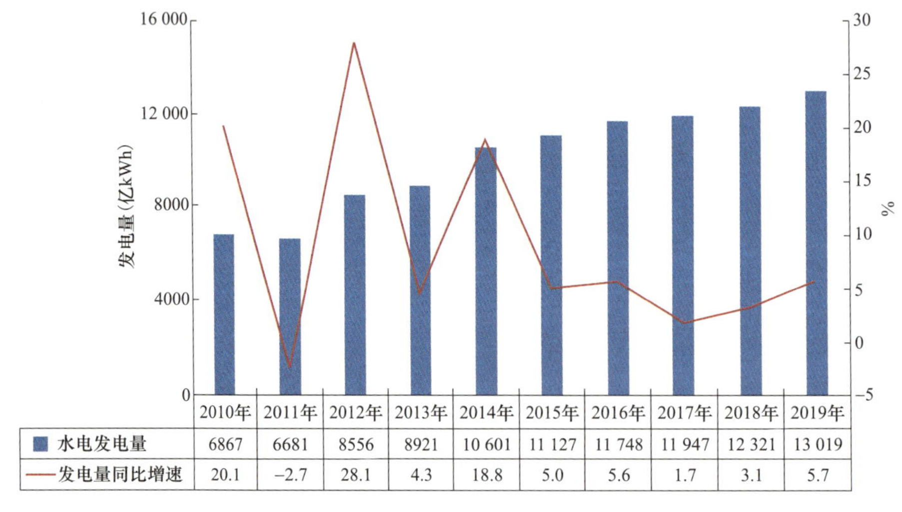

	2010年	2011年	2012年	2013年	2014年	2015年	2016年	2017年	2018年	2019年
水电发电量	6867	6681	8556	8921	10 601	11 127	11 748	11 947	12 321	13 019
发电量同比增速	20.1	−2.7	28.1	4.3	18.8	5.0	5.6	1.7	3.1	5.7

图 3-7　2010—2019 年水电发电量

（2）水电发电量在总发电量中占比。2010—2019 年，水电发电量在总发电中

占比呈波动的发展态势。2019 年，水电发电量在总发电量中占比 17.8%，比上一年提升 0.2 个百分点。2010—2019 年水电发电量在总发电量中占比情况如图 3-8 所示。

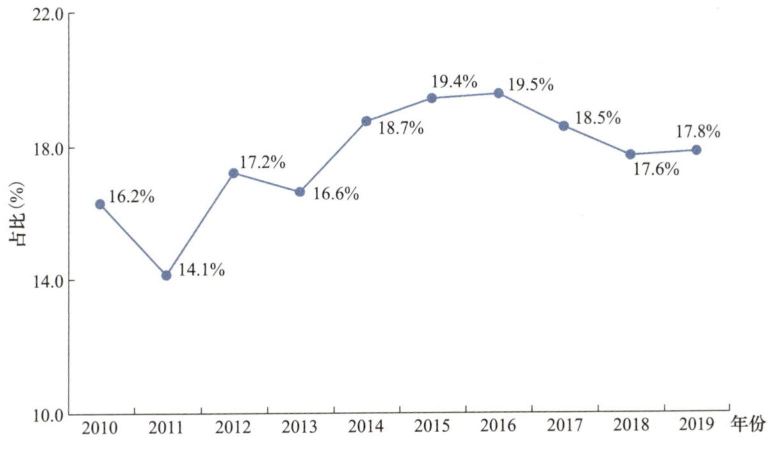

图 3-8　2010—2019 年水电发电量在总发电量中占比

（3）2019 年各省水电发电量情况。2019 年，四川、云南、湖北是全国水电发电量排名前三的省份，发电量合计 7529 亿 kWh，占全国水电总发电量 57.8%，水电发电量较装机容量而言更为集中。各省发电量具体如图 3-9 所示。

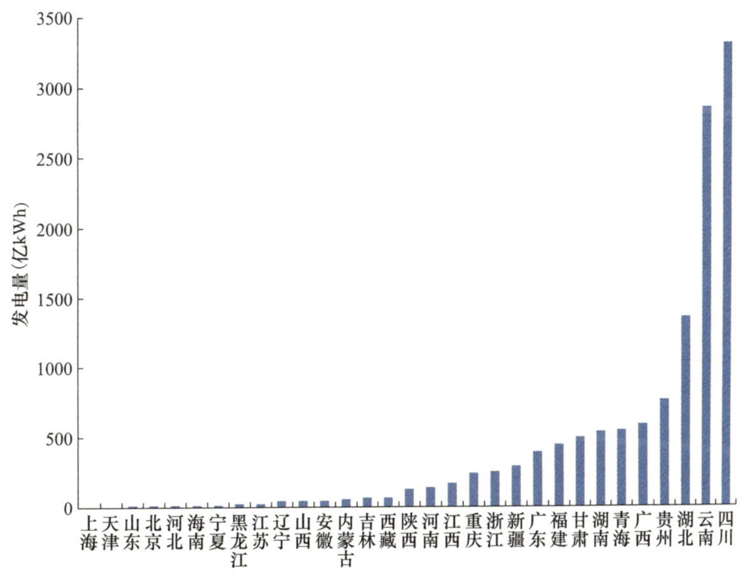

图 3-9　2019 年各省水电发电量

3.2.3 弃水电量和水能利用率

2019 年，全国主要流域弃水电量约 300 亿 kWh，同比减少 278 亿 kWh，弃水情况得到明显改善。全国平均水能利用率达到 96%左右，同比提升了 1 个百分点，水能利用水平提升。实现了《清洁能源消纳行动计划（2018—2020 年）》中 2019 年水能利用率 95%以上的目标。

3.2.4 发电设备利用小时

（1）全国水电发电设备利用小时情况。2019 年，6000kW 及以上水电发电设备利用小时为 3726h，比上年提高 113h，延续近几年水电利用小时平稳发展的态势。2019 年，得益于来水情况较好，水电发电设备利用率处于 2010 年以来相对较高水平。

2010 年以来，我国 6000kW 及以上水电发电设备利用小时呈现先波动后较为平稳的趋势。除 2011 年和 2013 年外，其余年份水电发电设备利用小时数均较高。2010—2019 年 6000kW 及以上水电发电设备利用小时如图 3-10 所示。

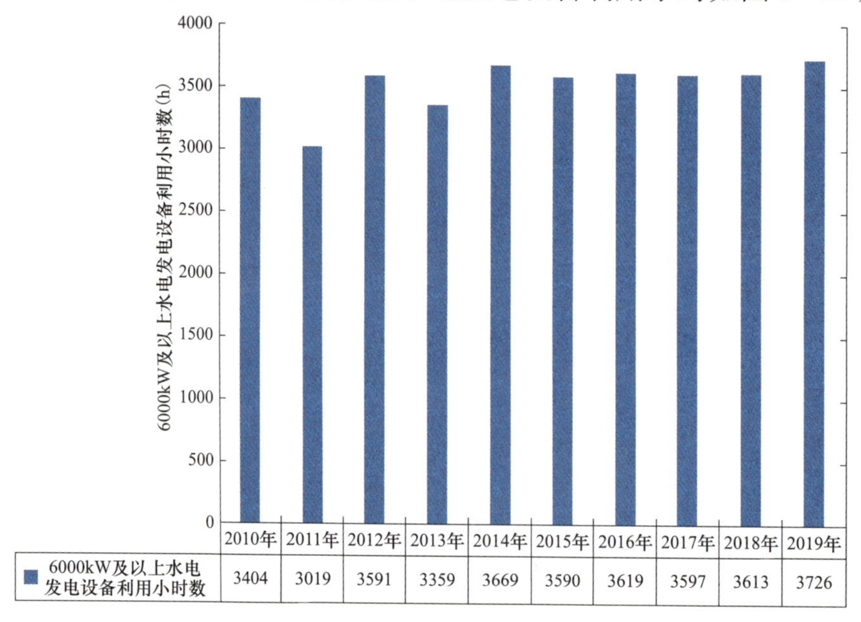

	2010年	2011年	2012年	2013年	2014年	2015年	2016年	2017年	2018年	2019年
■ 6000kW及以上水电发电设备利用小时数	3404	3019	3591	3359	3669	3590	3619	3597	3613	3726

图 3-10　2010—2019 年 6000kW 及以上水电发电设备利用小时

（2）2019 年各省水电设备利用小时情况。2019 年，全国共有 15 个省的 6000kW 及以上水电发电利用小时高于 3000h。青海、云南、四川、新疆、西藏五省的水电利用小时数处于较高水平。各省 6000kW 及以上水电发电设备利用小时具体如图 3-11 所示。

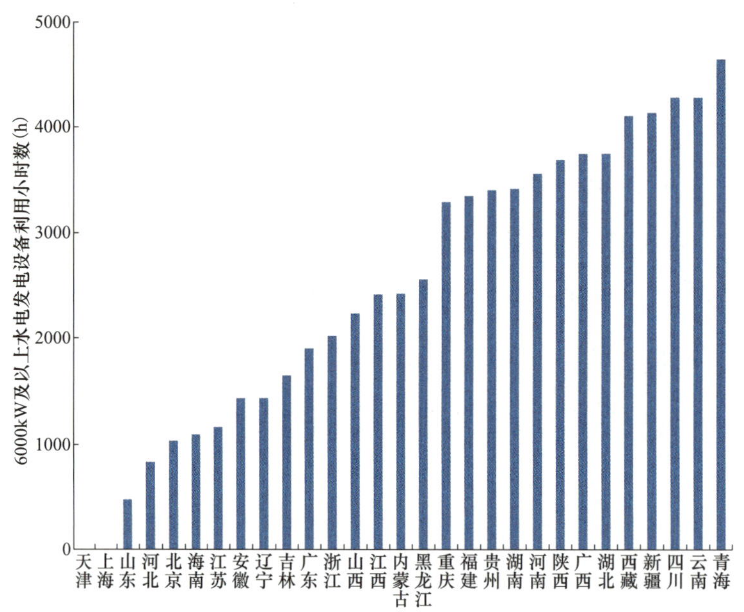

图 3-11　2019 年各省 6000kW 及以上水电发电设备利用小时

3.3　水电盈利情况

企业综合财务指标由 20 家上市水电企业财务指标综合统计而来，具体指标包括毛利率、净利率、总资产收益率、净资产收益率和资产负债率。2010—2019 年 20 家水电企业主要财务指标如表 3-1 所示。

表 3-1　　2010—2019 年 20 家水电上市公司主要财务指标　　单位：%

年份	2010	2011	2012	2013	2014	2015	2016	2017	2018	2019
毛利率	46.7	43.09	45.71	42.72	47.41	46.84	49.36	46.86	47.02	41.33
净利率	26.07	23.07	24.25	23.22	28.92	36.67	35.11	31.69	33.24	26.23

续表

年份	2010	2011	2012	2013	2014	2015	2016	2017	2018	2019
净资产收益率	12.15	9.86	12.08	10.02	12.79	13.9	16.45	13.49	14.11	12.68
总资产收益率	4.64	3.86	4.95	4.21	5.85	7.53	7.71	5.23	5.75	5.49
资产负债率	59.92	59.41	56.51	54.11	49.39	46.69	56.25	59.84	57.99	55.01

2019 年，水电上市公司毛利率为 41.33%，净利率为 26.23%，净资产收益率为 12.68%，总资产收益率为 5.49%，资产负债率为 55.01%。主要盈利指标下降，毛利率、净利率、净资产收益率和总资产收益率四项指标均同比降低至 2014 年以来最低水平。但与火电及电网公司相比，水电上市公司盈利水平依然较高。资产负债率连续第二年下降，同比下降 3 个百分点，水电上市公司资产结构有所优化。

3.4 水电发展趋势

（1）投资趋势。未来三年，常规水电投资将保持较为平稳的水平，增速持续放缓；其中抽水蓄能投资增速相对较快，小水电投资显著减少，主要原因如下：①我国曾作出碳减排和非化石能源占一次能源消费比重等承诺，在未来我国水电仍有发展空间，预计水电将长期保持我国第二大电源的地位；②随着水电站向环境更恶劣、地质条件更复杂的地区推进，生态环保、上网电价、征地移民、跨境河流国际关系等影响，资源开发难度提升，开发成本逐渐增加，预计未来常规水电的开发速度将持续放缓，但重大项目建设依然将继续推进；③伴随我国的能源革命和电力转型持续推进，风电、光伏在能源供应体系中的地位愈发上升，由抽水蓄能应对电力负荷变化将是最为安全有效的调峰手段，抽水蓄能电站投资有较大增长空间；④2019 年对于小水电站的水电投资监管趋

严，对生态环境影响大及经营效益差的小水电站将退出，预计未来小水电投资将受到较为严格的限制。预计2020年水电投资同比小幅增长，2021年水电投资增速持续趋缓。

（2）供应形势。未来三年，我国水电装机容量和发电量将持续增长，但增速较低，主要原因如下：①2020—2021年，乌东德、白鹤滩等大型水电站将投运，提升我国水电生产供应能力；②我国积极应对气候变化，促进清洁能源发展；③随着风电、光伏等新能源发展，对于调峰调频的需求将进一步加大，抽水蓄能的调峰调频作用在未来发展空间大；④水电资源开发难度逐渐增大等因素限制了水电的发展速度。因此预计水电生产能力将低速增长。预计2020年水电累计装机容量和发电量将同比增长，增速与上一年接近；2021年水电累计装机容量和发电量也将保持小幅增长的发展趋势。

（3）盈利状况。未来三年，水电盈利情况预计出现分化，整体盈利将呈下降趋势，但优质大型水电企业仍能保持稳定的现金流和相对较好的盈利能力。主要原因如下：①未来大型水电项目的投运将为优质大型水电企业的盈利能力提供保障，而中小型企业面临更加严格的环境政策和经营形势。②弃水问题有望改善，可再生能源消纳问题受到政策关注，水能利用率有进一步提升的空间。③电力市场竞争愈发激烈，部分省区市场电价较低，未来伴随着市场化电量占比提升，既使水电企业发电量有所增长，其营业收入也承受压力。预计2020年水电企业平均净资产收益率同比略有下降，2021年该比率持续小幅下降。

（4）综合展望。未来三年，水电投资将持续增加，但增速放缓；生产供应能力整体保持较低速增长的趋势；盈利水平将受电价下行压力的冲击而有所下降。整体而言，水电经营面临更大的挑战，将呈平稳中略有走低的发展态势。

第 4 章

核电投资及发展形势分析

4.1 核电投资情况

4.1.1 投资完成情况

2019 年，我国核电投资金额 335 亿元，为近 10 年来最低值，同比下降 25%。主要由于 2016 年以来，核电经历了连续三年“零审批”，导致新开工项目数量急剧下降。2019 年下半年，国家能源局核准了山东荣成、福建漳州和广东太平岭三个核电项目。

从核电投资占比看，2019 年核电投资占电源总投资的比例仅为 10.7%，为 2009 年以来最低值，同比大幅下降 5.4 个百分点。2010—2019 年核电投资规模如图 4-1 所示。

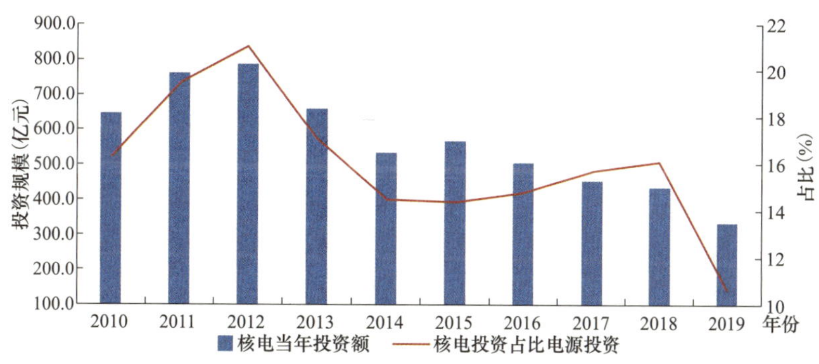

图 4-1　2010—2019 年核电投资规模

2019 年，我国在建核电机组数量 12 台，合计装机容量 1092 万 kW，如表 4-1所示。2 台核电机组完成首次装料和并网运行，新开工机组 2 台。2010—2019 年核电当年新开工机组数量如图 4-2 所示。

表 4-1　　2019 年全国在建核电机组

序号	核电机组	额定容量（MWe）	机组堆型	开工日期
1	山东石岛湾 1 号	200	HTGR	2012/12
2	辽宁红沿河二期 5 号	1000	PWR	2015/03

续表

序号	核电机组	额定容量（MWe）	机组堆型	开工日期
3	福建福清三期 5 号	1000	PWR	2015/05
4	辽宁红沿河二期 6 号	1000	PWR	2015/07
5	福建福清三期 6 号	1000	PWR	2015/12
6	广西防城港二期 3 号	1000	PWR	2015/12
7	江苏田湾三期 5 号	1000	PWR	2015/12
8	江苏田湾三期 6 号	1000	PWR	2016/09
9	广西防城港二期 4 号	1000	PWR	2016/12
10	福建霞浦示范快堆	600	FBR	2017/12
11	福建漳州 1 号	1126	PWR	2019/10
12	广东惠州太平岭一期 1 号	1000	PWR	2019/12

注　HTGR 为高温气冷堆，PWR 为压水堆，FBR 为快中子增殖堆。

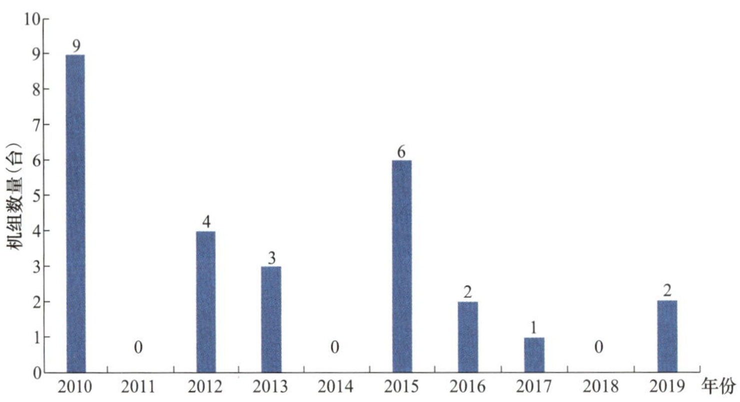

图 4-2　2010—2019 年核电当年新开工机组数量

4.1.2　项目建设周期与成本

2019 年新投产的机组均采用三代核电技术，具体如表 4-2 所示。

表 4 - 2 2019 年首次装料和并网运行的核电机组信息

省份	核电厂名称	机组号	技术型号	装机容量（MWe）	开工日期	商业运行日期	建设周期（月）
广东	阳江核电厂	6 号机组	ACPR1000 三代核电	1086	2013/12	2019/7	68
	台山核电厂	2 号机组	EPR 三代核电	1750	2010/4	2019/9	113

阳江核电厂 6 号机组建设周期 68 个月，决算转固 111.5 亿元，单位造价 10 272 元/kW；台山核电厂 2 号机组建设周期 113 个月，决算转固 431.1 亿元，单位造价 24 637 元/kW。同样是三代核电，阳江核电厂机组容量较小且采用了国产化技术，其建设周期、机组造价均显著低于同期竣工的台山核电厂机组。2013—2019 年核电站单位造价见图 4 - 3。

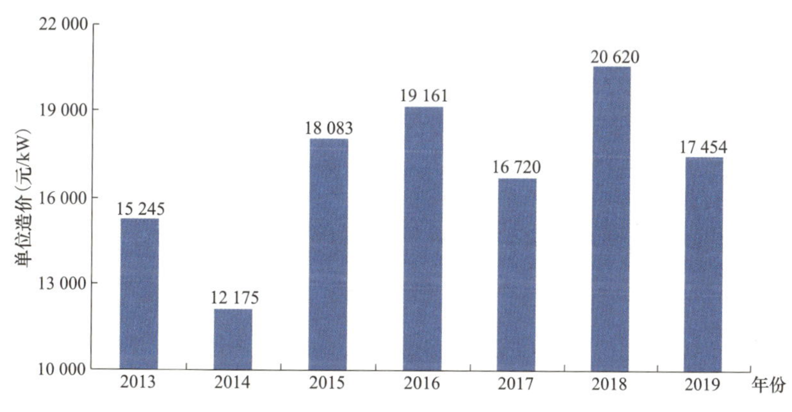

图 4 - 3 2013—2019 年核电站单位造价

4.2 核电供应情况

4.2.1 装机容量

2019 年，我国在运核电机组共 47 台，分布在广东、广西、浙江、山东、福建、江苏、辽宁、海南等 8 个沿海省份，累计装机容量达到 48 751MWe，其中年内新增装机容量 4106MWe。

近 10 年，我国核电装机容量呈快速上涨趋势，2019 年累计装机容量约为 2010 年的 4.5 倍。由于前期建设放缓，2019 年新增装机容量有所回落，同比下降 46%。2009—2018 年核电装机容量如图 4-4 所示。

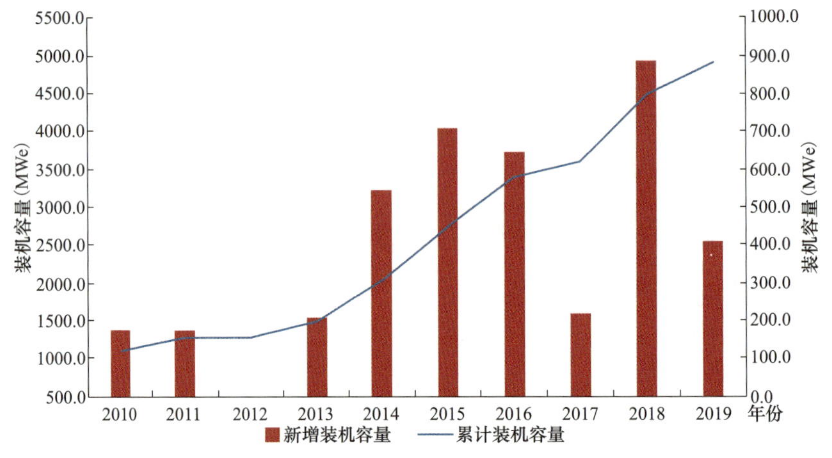

图 4-4　2010—2019 年核电装机容量

从电源结构看，2019 年，核电装机容量在总装机容量中占比为 2.42%，为近 10 年来最高值，同比增长 0.07 个百分点。总体来看，核电装机容量占比呈小幅增长趋势。2010—2019 年核电装机容量占比情况如图 4-5 所示。

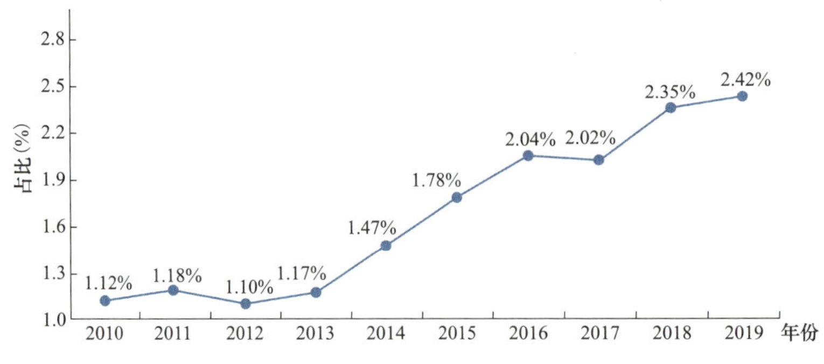

图 4-5　2010—2019 年核电装机容量在总装机容量中占比

4.2.2　发电量

2019 年核电发电量为 3481 亿 kWh，同比增长 18.1%；核电设备平均利用小时数为 7346h，同比上升 2.9%。2019 年商运核电机组电力生产情况如表 4-3 所示。

表 4-3　　2019 年我国商运核电机组电力生产情况统计表

核电厂	机组	装机容量（MWe）	发电量（亿 kWh）	上网电量（亿 kWh）	核电设备平均利用小时数（h）
秦山核电厂	1 号机组	330.0	26.3	24.5	7960.6
大亚湾核电厂	1 号机组	984.0	81.3	77.7	8266.3
	2 号机组	984.0	80.6	77.0	8192.1
秦山第二核电厂	1 号机组	650.0	51.0	48.0	7844.6
	2 号机组	650.0	50.5	47.4	7773.9
	3 号机组	660.0	57.0	53.4	8633.3
	4 号机组	660.0	51.2	48.1	7760.6
岭澳核电厂	1 号机组	990.0	78.6	75.2	7938.4
	2 号机组	990.0	71.7	68.6	7244.4
	3 号机组	1086.0	88.7	83.3	8166.7
	4 号机组	1086.0	76.2	71.6	7017.5
秦山第三核电厂	1 号机组	728.0	54.6	50.6	7495.9
	2 号机组	728.0	61.8	57.2	8486.3
田湾核电厂	1 号机组	1060.0	88.6	82.6	8358.5
	2 号机组	1060.0	81.6	76.4	7729.3
	3 号机组	1126.0	77.1	71.5	6847.3
	4 号机组	1126.0	81.3	75.2	7217.6
红沿河核电厂	1 号机组	1118.8	86.0	80.8	7689.6
	2 号机组	1118.8	85.9	80.8	7678.8
	3 号机组	1118.8	79.7	74.9	7126.5
	4 号机组	1118.8	75.6	71.2	6760.0
宁德核电厂	1 号机组	1089.0	85.8	80.0	7875.1
	2 号机组	1089.0	70.8	65.9	6501.4
	3 号机组	1089.0	79.2	74.0	7271.8
	4 号机组	1089.0	77.9	72.8	7152.4

续表

核电厂	机组	装机容量（MWe）	发电量（亿 kWh）	上网电量（亿 kWh）	核电设备平均利用小时数（h）
福清核电厂	1 号机组	1089.0	69.9	65.3	6416.9
	2 号机组	1089.0	85.8	80.0	7874.2
	3 号机组	1089.0	80.2	75.0	7368.2
	4 号机组	1089.0	71.7	67.2	6580.4
阳江核电厂	1 号机组	1086.0	84.9	79.9	7813.1
	2 号机组	1086.0	79.7	74.8	7337.0
	3 号机组	1086.0	91.7	86.2	8442.0
	4 号机组	1086.0	73.8	69.2	6798.3
	5 号机组	1086.0	71.4	67.0	6573.7
	6 号机组	1086.0	38.1	35.8	3509.2
方家山核电厂	1 号机组	1089.0	85.0	79.9	7800.7
	2 号机组	1089.0	84.5	79.7	7761.3
三门核电厂	1 号机组	1250.0	96.9	89.5	7749.6
	2 号机组	1250.0	9.8	9.1	787.2
海阳核电厂	1 号机组	1250.0	100.9	94.6	8075.2
	2 号机组	1250.0	104.0	97.3	8320.0
台山核电厂	1 号机组	1750.0	127.7	119.5	7295.4
	2 号机组	1750.0	57.4	53.6	3278.3
昌江核电厂	1 号机组	650.0	46.9	43.5	7209.2
	2 号机组	650.0	50.3	46.4	7744.6
防城港核电厂	1 号机组	1086.0	91.2	85.4	8396.9
	2 号机组	1086.0	80.4	75.8	7398.7
合计值/平均值		48 751.2	3481.3	3263.2	7346.2

从电源结构上看，2019 年核电发电量占全国发电量 4.9%，同比上升 0.67 个百分点。美国、俄罗斯、英国、法国等发达国家 2018 年核电发电量占比分别

达到了 19.3%、17.9%、17.7%和 71.7%，中国与之相比仍有不小差距。2010—2019 年核电发电量占比呈逐年上升趋势，如图 4-6 所示。

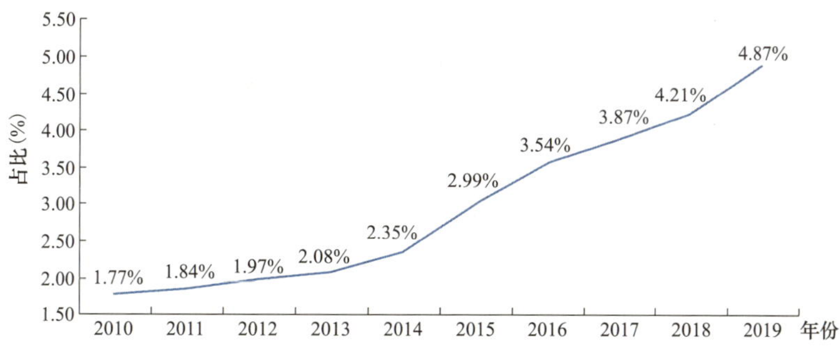

图 4-6　2010—2019 年核电发电量占比全国发电量

4.2.3　发电设备利用小时

2019 年，我国核电设备平均利用率为 83.86%，同比下降 1.74 个百分点。在运 47 台核电机组中，除年内投产的 3 台机组以及停机小修的三门核电厂 2 号机组以外，发电设备利用小时数最高为秦山第二核电厂 3 号机组 8633h，最低为福清核电厂 1 号机组 6417h。

6000kW 及以上核电利用小时数自 2014 年起连续三年下降，直至 2016 年为最低点；此后小幅回升，2019 年达到 7394h，在所有发电电源类型中排名第一。2010—2019 年 6000kW 以上核电厂利用小时情况如图 4-7 所示。

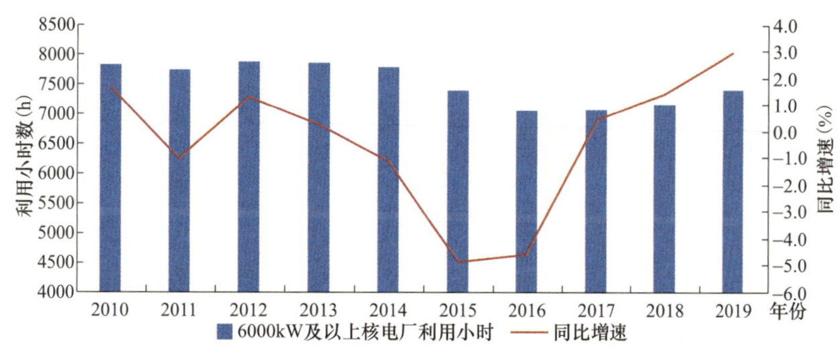

图 4-7　2010—2019 年 6000kW 以上核电厂利用小时情况

4.3 核电盈利情况

我国目前共有三家具有核电运营牌照的公司：中国核工业集团旗下中国核能电力股份有限公司（简称“中核”）、中国广核集团旗下中国广核电力股份有限公司（简称“中广核”）及国家电力投资集团旗下国家核电技术公司（简称“国核技”）。中核、中广核和国核技分别拥有在运机组 21 台、24 台和 6 台，中核、中广核分别于上海、深圳交易所整体上市。综合考虑行业影响力、数据可得性等因素，本报告以中核、中广核为基础开展核电盈利分析。2015—2019 年中核、中广核主要财务指标如表 4-4 所示。

表 4-4　　2015—2019 年中核、中广核主要财务指标

年份		2015	2016	2017	2018	2019
资产总额（亿元）	中广核	2686.4	2852.2	3573.0	3685.6	3879.8
	中核	2632.2	2820.5	3031.9	3234.8	3476.4
营业收入（亿元）	中广核	268.4	330.3	456.3	508.3	608.8
	中核	262.0	300.1	335.9	393.1	460.7
销售毛利率（亿元）	中广核	46.8	45.2	44.8	43.9	41.7
	中核	44.2	41.0	39.6	41.8	41.9
净资产收益率（%）	中广核	11.4	12.0	16.2	13.0	12.2
	中核	12.7	11.5	10.7	10.6	9.6
资产负债率（%）	中广核	69.0	71.9	71.8	69.3	65.1
	中核	75.2	74.6	74.4	74.2	74.0

2019 年，中广核、中核合计营业收入为 1069.4 亿元，同比增长 18.6%；平均销售毛利率为 41.8%，同比降低 1 个百分点；平均净资产收益率为 10.9%，同比降低 0.9 个百分点。同 2018 年相比，这两家核电企业收入规模快速增长，主要由于新机组投运带来售电增长；盈利能力略有下降，主要是由于成本增速大于收入增速。从近 5 年趋势来看，营业收入增长较快，从 2015—

2019 年增长了 1 倍；净资产收益率基本保持为 12%左右。

核电收入主要为向电网售电收入，主要影响因素为上网电量和上网电价。在上网电量方面，得益于《保障核电安全消纳暂行办法》（发改能源〔2017〕324 号）和《清洁能源消纳行动计划（2018—2020 年）》（发改能源规〔2018〕1575 号）等政策保障，核电电量优先上网，核电机组平均利用小时数超过 7000h。在上网电价方面，各核电机组上网电价基本分布在 0.43 元/kWh 的标杆电价上下，且在机组商运定价后保持稳定不变。

核电成本主要是固定资产折旧和核燃料成本。2019 年，中核固定资产折旧、核燃料成本占营业成本的 40%和 22%，中国广核则为 23%和 26%。2019 年，核燃料主要上游原料铀矿价格为 25.6 美元/磅，同比上涨 4.1%。自 2011 年福岛核事件以来，铀矿价格整体呈下降趋势，但从 2017 年起连续三年有小幅度回升，如图 4 - 8 所示。铀矿厂商近年来密集减产，全球铀矿勘查也陷入低潮。2018 年，全球最大的铀矿企业 Cameco 关闭麦克阿瑟河铀矿，Paladin 公司关闭兰杰海因里希铀矿，铀矿产量呈单边下滑趋势，进而推高铀矿价格。

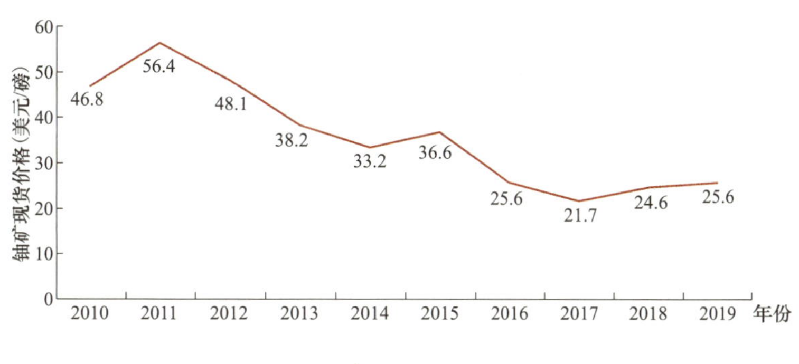

图 4 - 8　2010—2019 年铀矿现货价格

核电运营具有高技术壁垒、高安全要求、强政策管制等特点，核电牌照长期高度稀缺，以上因素共同决定了核电竞争格局具有高度稳定性。

综上所述，售电收入、竞争格局的高度稳定性，保障了核电的稳定收入；核电成本受铀矿价格回升影响，有所上升。随着投产机组规模扩大，核电营业收入稳步上升，但盈利能力略有下降。

4.4　核电技术发展情况

2019 年，全球主流核电技术已发展到第三代，中国、美国、法国等国家已开始第四代核电技术研究。第三代核电技术是指满足美国《用户要求文件(URD)》和欧洲《欧洲用户要求文件（EUR)》的核电技术，该技术把设置预防和缓解严重事故作为设计核电厂必须要满足的要求，从而大大提高了核电安全性。第四代核电技术是正在研发的、在反应堆概念和燃料循环方面有重大创新的下一代核电技术，主要有气冷快堆（GFR)、铅冷快堆（LFR)、熔盐反应堆（MSR)、钠冷快堆（SFR)、超临界水冷堆（SCWR)、超高温气冷堆(VHTR）等六种反应堆。

在核电技术国产化方面，我国大型先进压水堆重大专项“国和一号”示范工程顺利开工，自主研制的“华龙一号”全球首堆启动冷试，其国产化率达 89%，逐步摆脱对进口核电技术的依赖。高温气冷堆四代核电重大专项继续稳步推进，围绕核心技术开展攻关，数字化仪控系统、蒸汽发生器、主氦风机等一系列核心设备的研制、验证取得进展，山东石湾岛高温气冷堆示范项目有望在 2021 年底建成投产。陆上小型压水堆等多种小型堆技术正在开发，海洋核动力平台研发持续开展。

在核电安全生产方面，2019 年 7 月 5 日宁德核电厂 1 号机组因应急母线 LHB 失电导致反应堆手动停堆，为 1 级运行事件；未发生 2 级及以上的运行事件，未发生辐射、生产安全、环境等其他事故事件。在核燃料安全方面，我国自主研制的大型先进商用压水堆 CF3 燃料组件首批批量化组件全部入堆，标志着我国全面掌握高性能核燃料研制技术。

在核废料处理方面，2019 年我国所有在运核电站共产生放射性废物约 1.6 万 m^3，同时我国目前已建成的三个放射性废物处置场尚有 3.1 万 m^3 处置能力。然而，我国新建放射性废物区域处置场选址困难，放射性废物的处置能力有可

能成为未来核电发展瓶颈。

4.5　核电发展趋势

（1）投资趋势。未来三年，核电投资规模将逐渐扭转下降趋势，实现稳步回升，主要原因如下：①随着电力需求持续增长，煤电和大型水电装机容量增速减缓，核电作为清洁稳定高效的能源形式，将越来越多承担基荷作用。我国核电发电量已居世界第三，但核电发电占比和发达国家相比仍有差距，核电投资有较大发展空间。②随着福岛核事故的影响远去、第三代核技术的逐渐成熟，国内核电项目陆续核准开工。③2020年新增在建机组容量2326MWe，2019年竣工机组容量2836MWe，且大多于三季度竣工，核电机组建设增量和减量基本平衡。预计2020年投资规模同比小幅回升；2021年投资规模同比上升，且增幅大于2020年。

（2）供应形势。未来三年，核电供应量将在小幅上升后趋于平稳，主要原因如下：①国家发展改革委、国家能源局印发的《清洁能源消纳行动计划（2018—2020年）》要求，在制定中长期市场交易电量规模、火电机组发电计划时，要足量预留清洁能源优先发电空间，2020年全国核电实现安全保障性消纳，鼓励核电以“优价满发”模式参与电力市场；②2020年，新建成的台山、阳江核电机组全面投入运行；③除山东石岛湾200MWe的示范机组外，目前在建机组均是近5年内开工的，2021、2022年具备投产条件机组数量较少。预计2020年核电发电量同比小幅上升，2021年变化趋于平稳。

（3）技术水平。未来三年，我国将加大自主核心技术研发，随着“华龙一号”“国和一号”等国产机型首批项目建成，核电站系统设计、设备制造、施工建造等流程工艺进一步成熟固化，国产技术逐步取代引进技术。山东石岛湾、福建霞浦等四代核电示范项目将稳步建设运行，为下一代核电做好技术储备。小型模块化反应堆、核能供应热堆等技术也将稳步发展。

（4）盈利状况。未来三年，核电盈利能力将面临压力，主要原因如下：①核燃料价格回升趋势明显，核电站运营成本上升；②核电国产化技术仍处于发展完善阶段，核电装备国产化率有待提升，导致核电站建造成本较高。预计 2020、2021 年核电企业净资产收益率小幅下降。

（5）综合展望。未来三年，核电发展建设迎来机遇期，核电投资规模将逐渐扭转下降趋势，实现稳步回升；核电设备利用小时维持高水平，发电量小幅上升后趋于平稳；国产核电三代技术逐步成熟，四代核电等技术稳步推进；核电盈利能力略有下降，但在各类电源中仍位于较高水平。

第 5 章

风电投资及发展形势分析

5.1 风电投资情况

5.1.1 投资完成情况

（1）风电投资完成额。2019年，风电投资完成额1171亿元，同比增长525亿元，几乎翻一番，止住连续三年降低趋势，接近2015年历史最高水平，在所有电源类型中居第一位。

2010年以来，我国风电投资完成额呈局部大幅波动的W形发展态势，投资受政策影响很大，缺乏稳定性。2015年风电投资达到1200亿元，为2009年以来最高值。2010—2019年风电投资完成额如图5-1所示。

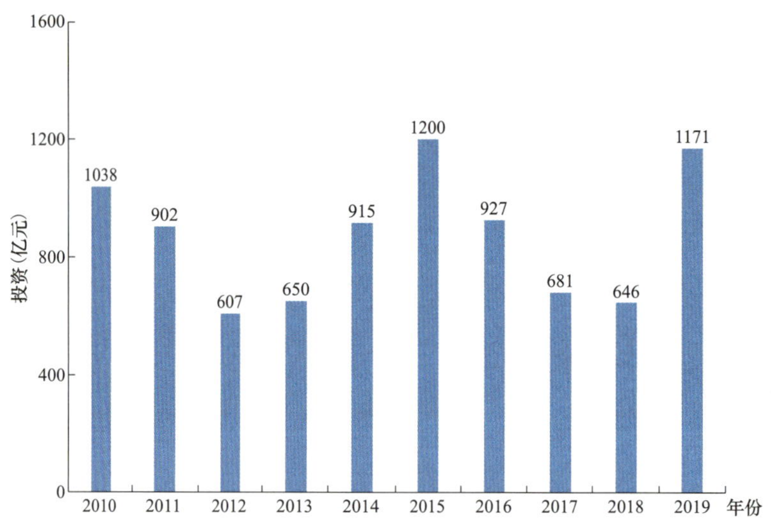

图5-1 2010—2019年风电投资完成额

（2）风电投资在电源总投资中占比。2019年风电投资完成额在电源总投资中占比大幅提升至37.3%，同比提高14.1个百分点，为历史新高。2010年以来，风电投资完成额在电源总投资中占比从未低于15%，是我国电源投资结构

中的重要构成，呈整体较大提升、局部波动明显的 W 形。2010—2019 年风电投资在电源总投资中占比情况如图 5-2 所示。

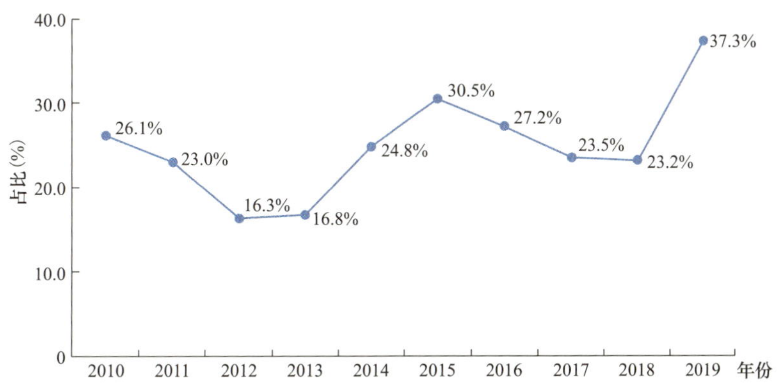

图 5-2　2010—2019 年风电投资在电源总投资中占比

5.1.2　单位工程造价情况

2019 年陆上风电单位造价多在 7000 元/kW 左右，而据“2019 中国海上风电工程技术大会”讯息，江苏和浙江海上风电项目建设投资竣工决算数据为 15 000～17 000 元/kW，广东和福建则更高，达到 17 000～20 000 元/kW。2013—2019 年风电单位千瓦造价如图 5-3 所示。

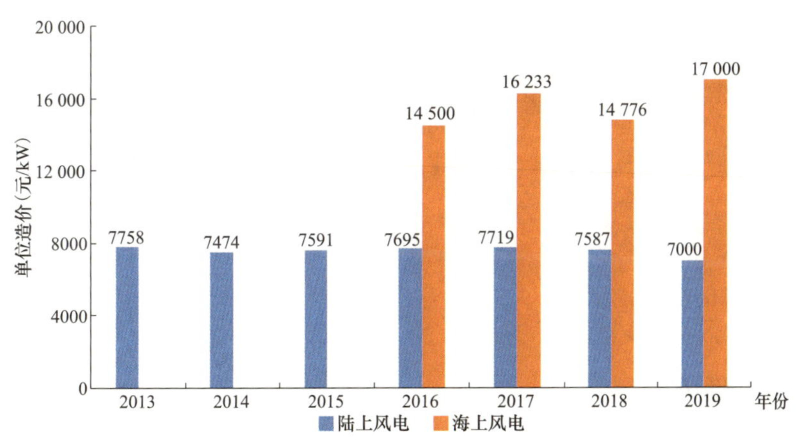

图 5-3　2013—2019 年风电单位千瓦造价

5.1.3 投资预警情况

为引导风电企业理性投资，防范投资风险，督促各地区改善风电开发建设投资环境，促进风电产业持续健康发展，国家能源局持续公布风电投资监测预警结果。预警结果分为红色、橙色和绿色三类，各类预警区域风电建设管理原则为：红色预警地区暂停风电开发建设；橙色预警地区除符合规划且列入年度实施方案的风电项目和国家能源局组织的示范项目及市场化招标项目外，不再新增年度建设规模，之前已纳入年度实施方案的项目可以继续核准建设；绿色预警地区按照有关要求自行组织风电项目建设。

2020 年风电投资监测预警结果如下：新疆（含兵团）、甘肃、蒙西为橙色区域；山西北部忻州市、朔州市、大同市，河北省张家口市和承德市、内蒙古赤峰市按照橙色预警管理；甘肃河东地区按照绿色区域管理；其他省（区、市）和地区为绿色区域。全国红色预警全面解除。甘肃和新疆 2016 年以来首次摘掉“红帽”，风电基地项目（外送为主的）建设有望重启。2016—2019 年，风电红色预警省份数量分别是 5 省、6 省、3 省、2 省和 0 省，风电装机冗余和消纳难问题逐渐得到解决，风电投资空间得以拓宽，环境趋于宽松。国家能源局 2016—2020 年风电开发投资预警统计结果如表 5 - 1 所示。

表 5 - 1　　2016—2020 年风电开发投资监测预警结果

预警结果	单位	2016 年	2017 年	2018 年	2019 年	2020 年
红色预警区域数量	个	5	6	3	2	0
橙色预警区域数量	个	2	0	3	1	3
绿色预警区域数量	个	24	25	25	28	29

注　2020 年预警区域将内蒙古细分为蒙东（绿色）和蒙西（橙色）分别统计。

5.1.4 投资政策环境

（1）风电度电补贴。2019 年 5 月，国家发展改革委印发《关于完善风电上

网电价政策的通知》（发改价格〔2019〕882 号），对陆上风电和海上风电电价及补贴进行了调整，具体说明如下：

1）陆上风电方面，《通知》调整了 2019 年Ⅰ～Ⅳ类资源区符合规划、纳入财政补贴年度规模管理的新核准陆上风电指导价，分别调整为每千瓦时 0.34 元、0.39 元、0.43 元和 0.52 元（含税），2020 年指导价进一步调整为每千瓦时 0.29 元、0.34 元、0.38 元和 0.47 元；规定了已核准项目国补截止时点，即 2018 年底之前核准的陆上风电项目，2020 年底前仍未完成并网的，国家不再补贴，2019 年 1 月 1 日至 2020 年底前核准的陆上风电项目，2021 年底前仍未完成并网的，国家不再补贴；明确了陆上风电国补退出时点，即自 2021 年 1 月 1 日开始，新核准的陆上风电项目全面实现平价上网，国家不再补贴。

2）海上风电方面，《通知》调整了指导电价，即 2019 年符合规划、纳入财政补贴年度规模管理的新核准近海风电指导价调整为每千瓦时 0.8 元，2020 年进一步下调为每千瓦时 0.75 元，新核准近海风电项目通过竞争方式确定上网电价；规定了新核准潮间带风电项目上网电价不得高于项目所在资源区陆上风电指导价；明确了已核准项目国补截止时点，即对 2018 年底前已核准的海上风电项目，如在 2021 年底前全部机组完成并网的，执行核准时的上网电价；2022 年及以后全部机组完成并网的，执行并网年份的指导价。

2020 年 1 月，财政部、国家发展改革委和国家能源局联合发布《关于促进非水可再生能源发电健康发展的若干意见》（财建〔2020〕4 号）（以下简称《意见》）。《意见》明确指出新增海上风电不再纳入中央财政补贴范围，按规定完成核准（备案）并于 2021 年 12 月 31 日前全部机组完成并网的存量海上风力发电项目，按相应价格政策纳入中央财政补贴范围，即 2022 年海上风电国补将正式取消。同时，明确提出继续实施陆上风电、光伏电站、工商业分布式光伏等上网指导价退坡机制，合理设置退坡幅度，引导陆上风电、光伏电站、工商业分布式光伏尽快实现平价上网。

综上，风电国补退出时点明确，即 2021 年及以后年份新核准陆上风电项目将不再享受国家补贴；2022年及以后年份新核准海上风电项目不再享受国家补贴。值得一提的是，受到新冠疫情影响，为助力企业复工复产，贯彻“六稳”“六保”等政策精神，对于2020年年底前要求并网才能享受补贴的风电项目可能会适当延长并网时间。

（2）增值税。财政部和国家税务总局2015年印发的《关于风力发电增值税政策的通知》（财税〔2015〕74号）明确指出，自2015年7月1日起，对纳税人销售自产的利用风力生产的电力产品，实行增值税即征即退50%。风电同水电一样，在运营期间成本基本均是不产生进项税额抵扣的人工成本和折旧费用，增值税优惠是风电企业发展的一项利好政策。

（3）所得税。财政部、海关总署、税务总局2011年联合印发的《关于深入实施西部大开发战略有关税收政策问题的通知》（财税〔2011〕58号）明确指出，自2011年1月1日至2020年12月31日，对设在西部地区的鼓励类产业企业减按15%的税率征收企业所得税，西部地区风电企业享受此项政策。2020年4月，财政部、税务总局、国家发展改革委联合印发《关于延续西部大开发企业所得税政策的公告》（财政部公告2020年第23号）进一步明确了：自2021年1月1日至2030年12月31日，对设在西部地区的鼓励类产业企业减按15%的税率征收企业所得税。西部地区风电企业享受此项政策将延至2030年。

国家税务总局《关于实施重点扶持的公共基础设施项目企业所得税优惠问题的通知》（国税发〔2009〕80号）对居民企业经有关部门批准，从事符合《公共基础设施项目企业所得税优惠目录》规定范围、条件和标准的公共基础设施项目的投资经营所得，自该项目取得第一笔生产经营收入所属纳税年度起，第一年至第三年免征企业所得税，第四年至第六年减半征收企业所得税。风电企业自经营期开始，所得税享受“三免三减半”的优惠政策。西部企业减半征收期间执行7.5%的所得税税率。

综上，截至2020年5月，海上风电增值税和所得税政策环境平稳向好发

展，最大的利空是风电补贴退坡和国补明确取消时间节点。

（4）建设方案。2019 年 5 月 28 日，国家能源局印发了《关于 2019 年风电、光伏发电项目建设有关事项的通知》（国能发新能〔2019〕49 号）。发文附件《2019 年风电项目建设工作方案》中强调了有序推进各类风电项目建设，2019 年各省级区域竞争配置资源规模采用严控本省级区域 2020 年规划并网目标的方式得出；明确了集中式风电项目全部通过市场竞争配置的原则，并给出了市场竞争配置指导方案等。

2020 年 3 月 5 日，国家能源局印发《关于 2020 年风电、光伏发电项目建设有关事项的通知》（国能发新能〔2020〕17 号）。发文附件《2020 年风电项目建设工作方案》中明确了 2020 年风电补贴总额采用总额管控方式得出，即需要国家财政补贴的项目是由 2020 年规划并网目标规模扣减 2020 年已并网规模和 2020 年已核准在有效期并承诺并网的风电项目规模（不含平价项目和配置跨省跨区外送通道项目），各省级能源主管部门要及时向社会公布补贴剩余容量空间；提出积极支持分散式风电项目开发；并对海上风电投资节奏和时序进行了严格规定。截至 2020 年 5 月，山西、安徽和山东等省明确不再安排需要国家财政补贴的风电项目，江苏暂停海上风电、陆上风电等项目的竞争配置、核准工作，广东不再组织陆上风电竞争性配置工作。

5.2　风电供应情况

我国风能开发利用起步较晚，2003 年我国风电装机容量仅 10 万 kW，2019 年已连续第 9 年位居世界第一，总体发展极快。我国陆上风电红色预警全面解禁，大型风电基地建设有望启动。海上风电方兴未艾，发展势头正猛。风电已是我国新增电力供应的重要组成部分，正逐步由补充能源向替代能源转变。

5.2.1 装机容量

（1）风电累计装机容量发展现状及趋势。2019年，我国风电累计装机容量达到21 005万kW，同比增长2578万kW，同比增速14.0%，属近十年较低增速水平。2010年以来，我国风电累计装机容量呈现逐年增长、总体增幅极大、增速逐步放缓的发展态势，由2010年的2958万kW增至2019年的21 005万kW，年均增长2005万kW，年均增幅达24.3%。2010—2019年风电累计装机容量如图5-4所示。

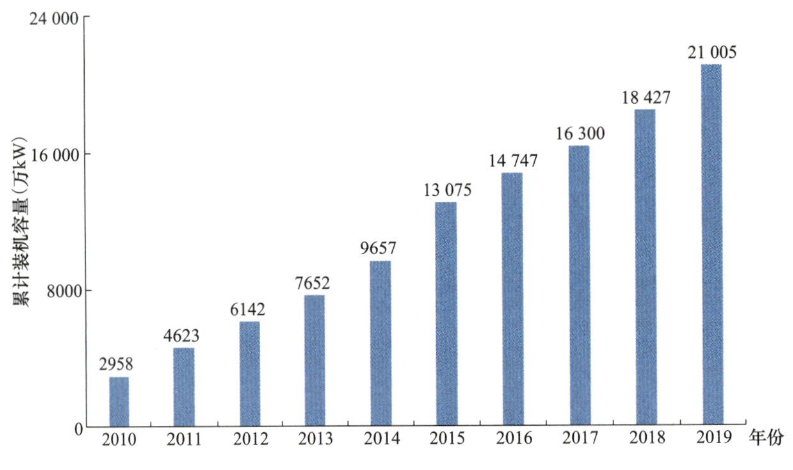

图5-4 2010—2019年风电累计装机容量

（2）海上风电。2019年，我国海上风电累计装机容量达到593万kW，在全球海上风电总装机容量中占比23%，仅次于英国和德国，位列第三，新增装机容量198万kW，占全球海上风电总新增装机容量的33.4%，同比增速50.1%，增长幅度显著。

近年来，海上风电建设明显提速，新增装机规模呈逐年大幅增长的发展趋势。2015—2019年，年均增长122.3万kW，年均增速高达54.5%。2015—2019年我国海上风电装机规模情况如表5-2所示。

表 5-2　　2015—2019 年我国海上风电装机规模情况

年　　份	2015 年	2016 年	2017 年	2018 年	2019 年
海上风电累计装机规模（万 kW）	104	163	279	395	593
海上风电新增装机规模（万 kW）	36.5	59	116	116	198

（3）风电累计装机容量在我国电源总装机容量中占比。2019 年风电累计装机容量在我国电源总装机容量中占比 10.4%，同比提高 0.7 个百分点。2010—2019 年，风电累计装机容量在我国电源总装机容量中占比逐年稳步提升，2015 年为风电增速的分界点：2015 年及以前，风电占比提升显著，该年更是同比提高 1.6 个百分点，为历年最大增幅；2015 年以后，风电占比提升幅度逐步放缓。2010—2019 年风电累计装机容量在我国电源总装机容量中占比情况如图 5-5 所示。

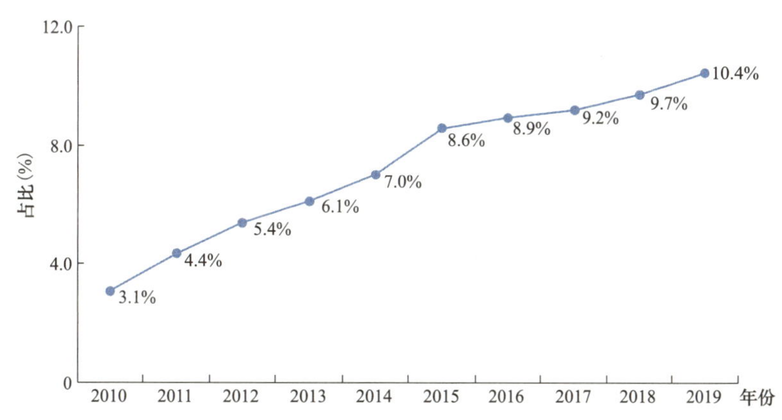

图 5-5　2010—2019 年风电累计装机容量在我国电源总装机容量中占比

（4）2019 年各省风电累计装机容量。2019 年，内蒙古是全国唯一累计风电装机容量破 3000 万千瓦的省份，达 3007 万 kW。风电装机较为集中，累计装机容量超 1000 万 kW 级的省包括内蒙古、新疆、河北、甘肃、山东、山西、宁夏和江苏八省，合计装机容量达到 12 661 万 kW，占全国风电总装机容量的 60.2%。2019 年各省累计装机容量具体如图 5-6 所示。

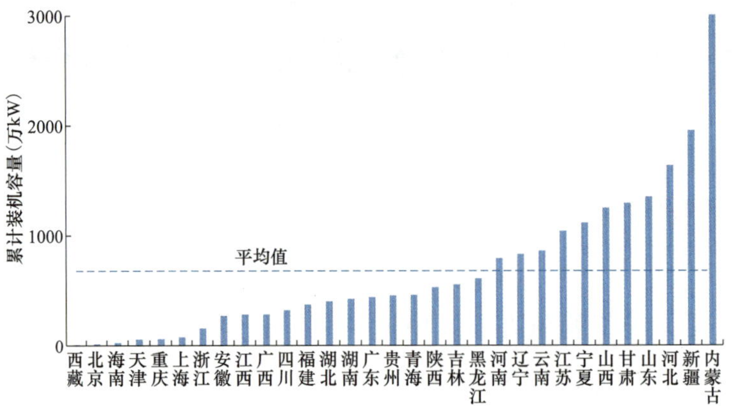

图 5-6　2019 年各省风电累计装机容量

5.2.2　发电量

（1）风电发电量现状及发展趋势。2019 年，风电发电量 4067 亿 kWh，同比增长 409 亿 kWh，同比增幅 10.9%，是 2010 年以来风电发电量历史最低增速。

2010 年以来，我国风电发电量呈现逐年持续增长、近年来增速有所放缓的发展态势，由 2010 年的 494 亿 kWh 增至 2019 年的 4057 亿 kWh，年均增长 396 亿 kWh，年均增速 26.4%。2010—2019 年风电发电量情况如图 5-7 所示。

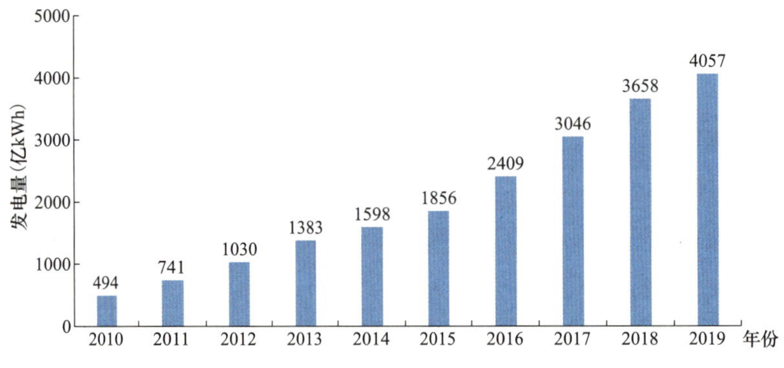

图 5-7　2010—2019 年风电发电量

（2）风电发电量在全国发电总量中占比。2019 年风电发电量在全国发电总量中占比为 5.5%，同比提高了 0.3 个百分点。2010—2019 年，风电发电量在全国发电总量中占比逐年稳步提升，期间各年提升幅度在 0.4 个百分点上下小幅波动。2010—2019 年风电发电量在全国发电总量中占比情况如图5-8所示。

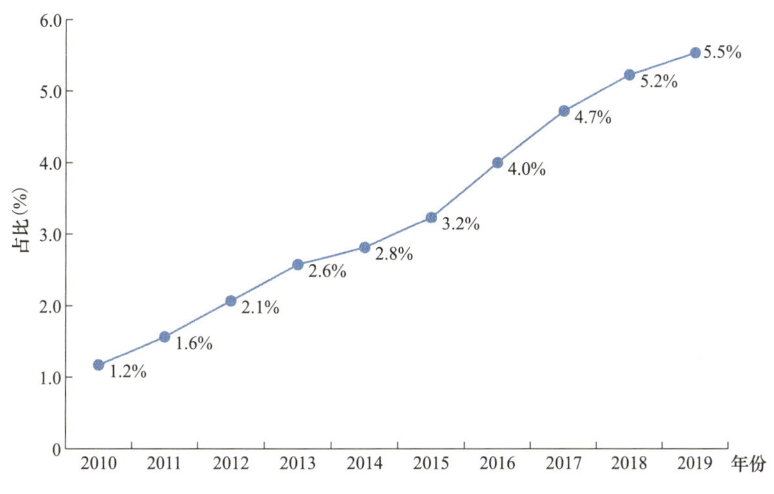

图 5-8　2010—2019 年风电发电量在全国发电总量中占比

（3）2019 年各省风电发电量情况。2019 年，内蒙古是全国风电发电量最大的省份，达 666 亿 kWh。年发电量超 200 亿 kWh 的省份包括内蒙古、新疆、河北、甘肃、云南、山东和山西 7 个省份。7 个省发电量共计 2316 亿 kWh，占全国风电总发电量的 57.1%，风电发电量在区域上较为集中。各省发电量具体如图 5-9 所示。

5.2.3　弃风电量和弃风率

（1）全国弃风电量和弃风率整体情况。2019 年全国弃风电量 169 亿 kWh，同比减少 108 亿 kWh，弃风率 4%，同比降低 3 个百分点，实现弃风电量和弃风率双降。

2019 年，在规定风电最低保障收购年利用小时数的地区中，甘肃 III 类资

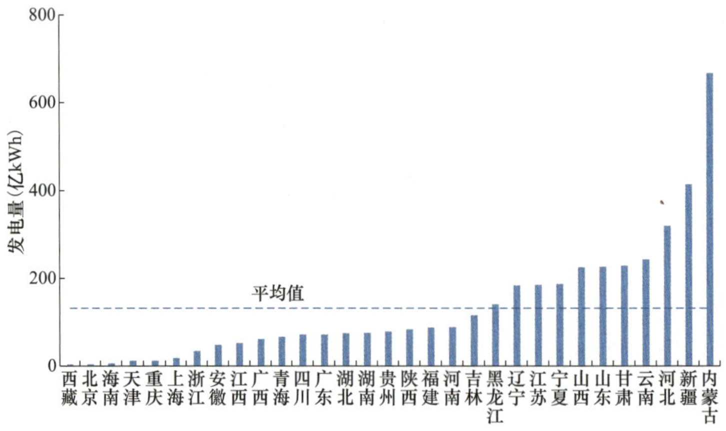

图 5-9　2019 年各省风电发电量

源区和宁夏 III 类资源区未达到风电最低保障收购年利用小时数要求，实际利用小时数比最低保障收购年利用小时数分别低 140h 和 39h。

2013 年统计以来，风电弃风电量和弃风率波动性较强，但近三年，弃风电量和弃风率连续三年双降，风电消纳向好趋势明显。2013—2019 年风电消纳数据如表 5-3 所示。

表 5-3　　2013—2019 年风电消纳情况

年　份	2013	2014	2015	2016	2017	2018	2019
弃风电量（亿 kWh）	162	126	339	497	419	277	169
弃风率（%）	11	8	15	17.2	12	7	4

（2）2019 年各省弃风电量和弃风率情况。2019 年，国家能源局弃风电量和弃风率的统计省份中新增了湖南和云南，由 13 省增至 15 省。其中，弃风率超过 4%（见图中辅助虚线）的地区包括新疆（弃风率 14%、弃风电量 66 亿 kWh），甘肃（弃风率 7.6%、弃风电量 19 亿 kWh），内蒙古（弃风率 7.1%、弃风电量 51.2 亿 kWh）和河北（弃风率 4.8%、弃风电量 16 亿 kWh）。全国除山西和河北弃风电量略微增长，山西弃风率持平外，其他统计省份均实现了弃风电量和弃风率同比双降（初次统计省份不在讨论范围）。当前，风电累计装机容量大省多位于西北，外送是其主要消

纳方式，目前多数消纳情况相对并不乐观。国家能源局统计的 15 省弃风电量和弃风率具体如图 5-10 所示。

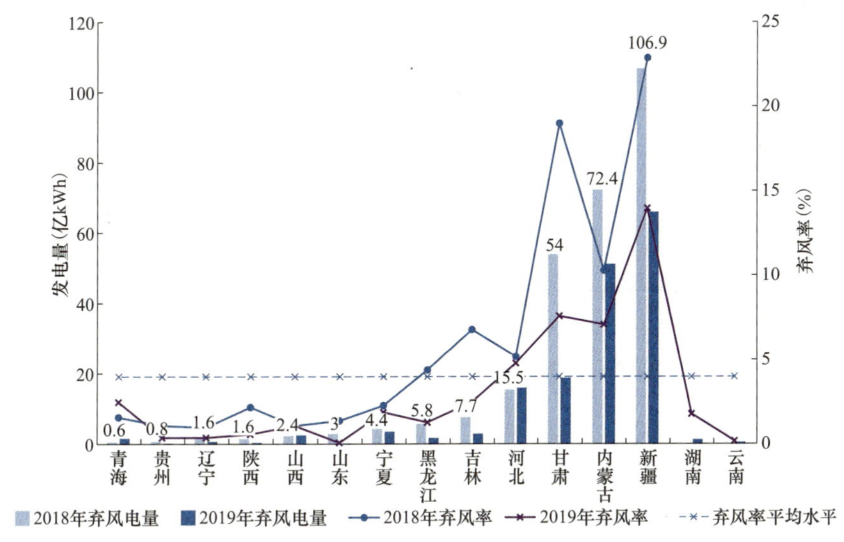

图 5-10　2018—2019 年各省弃风电量和弃风率

5.2.4　发电设备利用小时

（1）全国风电发电设备利用小时情况。2019 年，6000kW 及以上电厂风电发电设备利用小时为 2082h，同比基本持平。2010 年以来，我国 6000kW 及以上电厂风电发电设备利用小时呈局部波动、整体相对平稳的发展趋势，在风电累计装机容量增长近十倍的背景下，风电设备利用小时能够保持在相对较高水平运行，甚至在 2018 年创新高，保障性消纳政策在其中发挥了重大作用。2010—2019 年 6000kW 及以上电厂风电发电设备利用小时如图 5-11 所示。

（2）2019 年各省风电设备利用小时情况。2019 年 6000kW 及以上电厂风电发电利用小时超过全国平均利用水平（图中辅助虚线）的省份共计 12 个，占比 38.7%。在全国累计装机容量超 1000 万 kW 的八个省份中，前三省份为内蒙古、新疆和河北均高于全国平均利用小时，山东、甘肃、山西、宁夏和江苏则

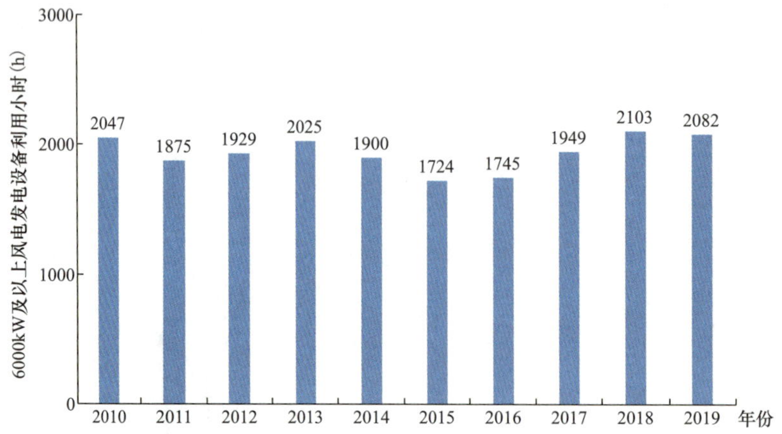

图 5-11 2010—2019 年 6000kW 及以上电厂风电发电设备利用小时

在全国平均利用小时以下。各省 6000kW 及以上电厂风电发电设备利用小时具体如图 5-12 所示。

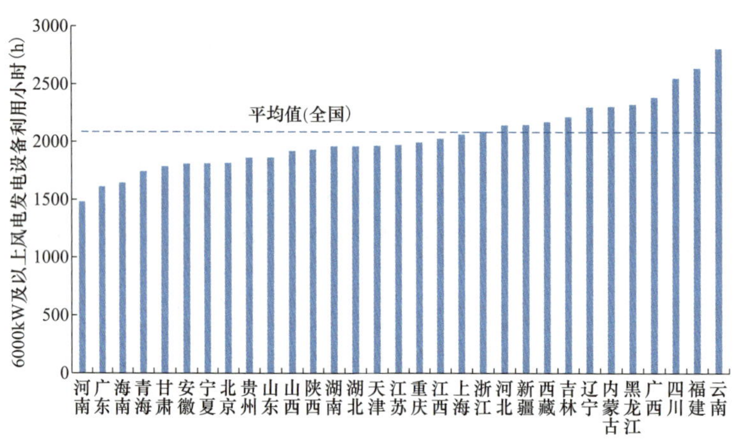

图 5-12 2019 年各省 6000kW 及以上风电发电设备利用小时

5.3 风电技术发展情况

技术进步是风电平价上网的关键推进因素。陆上风电呈现大容量、大叶片和高塔筒等技术发展趋势。海上风电度电成本下降则聚焦于单机容量、支撑结构、基础设施以及部件可靠性提升等关键技术。

5.3.1 风机单机容量

我国风电机组单机容量呈逐年提升的发展趋势，大兆瓦机组可使机位点减少，节约土地征用，有效降低初始成本。2018 年，2.0MW 容量以下机组占比大幅缩水，已不足 5%，[2.0MW、3.0MW] 容量机组占比达到 83%左右，已构成我国风电的主体，3.0MW 及以上容量机组合计占比约 13.3%，较 2017 年又有较大提升，2010—2018 年全国不同单机容量风电机组新增装机占比情况如图 5 - 13 所示。当前，陆上风电已进入 3MW 时代。据“2019 中国海上风电工程技术大会”讯息，5MW 已经成为海上风电项目招标的主流机型，7MW 风机已实现商业化运行。国内首台 10MW 风机已成功并网发电。

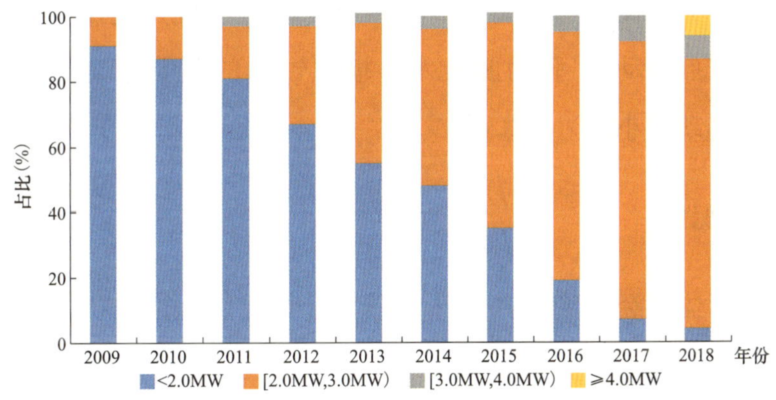

图 5 - 13 2010—2018 年全国不同单机容量风电机组新增装机占比

当前，风电领域也逐渐出现“大容量风机只是容量大，不代表经济性，未来对风机选择的首要考虑因素是单位千瓦扫风面积，而不是单纯追求大容量风机”的论点。本报告认为这种观点并不是否定风机大型化发展。对于风电资源丰富的区域，如未来逐渐走向远海，大容量风机配合大叶片是既提升单位千瓦扫风面积又提升单位面积风场容量的必然选择，有利于摊薄单位建设成本、降低海上风电单位度电成本。风机大型化为未来更好利用海上风电资源夯实了技术基础。

5.3.2 漂浮式海上风电

海上风电必将走向远海和深海，漂浮式海上风机是未来发展的必然技术选择。对于水深更深和海床松软的特殊海洋地质条件的近海优质风场，漂浮式技术也是降低建设成本和建设难度的有效手段。目前广东省已存在核准的近海风场水深超过 40m 的项目，深海项目离我们也不遥远。

当前投运或研发的漂浮式海上风电基础技术主要包括单柱式漂浮基础、Ideol 阻尼池半潜式技术、半潜单柱式基础（其结构由 1 个与塔筒连接的中央圆筒和 3 个提供浮力及稳定性的外侧圆筒组成）、四立柱结构的半潜式基础（底部采用刚性环形旁通结构，全结构无管形接头）、旋转双体船（采用 2 个混凝土船体组成类似双体船的结构，并通过转轴和单一锚链连接点连接，这样船体及风机本身将绕着该点转动）、张力腿技术（模拟钟摆的独特张力的锚链布置，可实现风机机舱晃动最小化）等。

5.3.3 零部件配套

我国风电产业已经形成包括叶片、塔筒、齿轮箱、发电机、变桨和偏航系统、轮毂、变流器等在内的零部件生产体系。上述主要零部件的产量均已居全球第一位，除配套国产整机厂商外，部分零部件也对国外厂商有少量配套。但是，在高性能轴承、传感器、控制器等方面，国产零部件尚不能实现对进口零部件的完全替代。尤其是海上风电领域，关键零部件依赖进口的问题较为严重。

5.3.4 下一代产品重点技术投入方向

大容量机组（额定功率 10MW＋/20MW＋）、数字化风机、智能叶片、轻量化转子、超导发电机、伪直驱传动链、低成本固定式支撑结构和经济有效的漂浮式支撑结构是下一代风电产品重点技术突破方向。

5.4　风电盈利情况

目前，国内多数发电集团多依托于设立的新能源发电公司开展可再生能源业务，新能源发电公司中较难单独剥离出风电业务盈利状况。考虑到当前风机制造企业也是整个行业的重要构成之一，且上市公司的数据全面且较易获取，本节以风机企业盈利指标表现（行业综合财务指标）具体展现风电的盈利情况。本节具体整理了 6 家上市风机企业财务指标，包括销售毛利率、销售净利率、总资产收益率、净资产收益率和资产负债率。6 家上市公司财务指标数据具体如表 5 - 4 所示。

表 5 - 4　　6 家典型风电上市公司综合财务数据

企业	年份	销售毛利率（%）	销售净利率（%）	净资产收益率（%）	总资产收益率（%）	资产负债率（%）
金风科技	2015	26.5	9.6	16.5	5.5	66.9
	2016	29.3	11.8	15.0	4.8	67.9
	2017	30.2	12.5	13.4	4.3	67.7
	2018	26.0	11.4	12.4	4.0	67.5
	2019	19.0	5.8	7.2	2.4	68.7
* ST 湘电股份	2015	14.8	0.5	1.2	0.3	78.5
	2016	13.1	1.2	2.0	0.7	67.0
	2017	14.7	0.9	1.2	0.4	67.8
	2018	7.8	- 32.1	- 39.3	- 9.8	75.2
	2019	7.0	- 30.4	- 59.7	- 8.5	81.2
国电科环	2015	19.1	- 23.5	- 67.0	- 9.3	81.6
	2016	22.6	1.6	6.3	0.7	80.1
	2017	24.4	0.8	0.9	0.1	77.7
	2018	23.4	1.0	2.4	0.3	77.3
	2019	22.1	- 3.8	- 6.1	- 0.8	78.3

续表

企业	年份	销售毛利率（%）	销售净利率（%）	净资产收益率（%）	总资产收益率（%）	资产负债率（%）
明阳智能	2015	25.6	5.0	10.6	2.3	78.4
	2016	25.9	4.4	7.8	1.6	79.6
	2017	26.6	6.2	7.7	1.7	77.7
	2018	25.1	6.1	8.6	1.9	78.1
	2019	22.7	6.3	10.6	2.3	79.6
东方电气	2015	16.8	1.3	1.9	0.5	72.2
	2016	12.0	−5.3	−8.0	−2.1	73.9
	2017	17.9	2.2	3.0	0.9	71.2
	2018	20.7	3.9	3.8	1.3	66.4
	2019	21.5	4.4	4.3	1.5	64.5
上海电气	2015	21.4	6.2	9.8	3.0	69.4
	2016	21.7	5.5	7.5	2.5	67.2
	2017	22.8	6.3	7.1	2.5	64.5
	2018	20.8	5.4	7.4	2.5	66.3
	2019	18.5	4.6	5.5	2.3	67.4

2019 年，风机制造企业收益指标多出现同比下降，但整体仍处于 2015 年以来的中等水平。其中，明阳智能呈现向好发展，湘电股份连续两年亏损，被进行退市风险警示，其他 4 家典型上市公司综合财务指标多数略微降低。

2015—2019 年，各企业净资产收益率和总资产收益率发展差距在逐步缩小。多数企业资产负债率均有不同程度同比提升。风电企业资产负债率水平在各电源类型中处于较高水平，财务风险较大。

5.5 风电发展前景展望

（1）投资趋势。2022 年将是未来风电投资的转折点，2020 年和 2021 年，风电仍会占据各电源类型中投资完成第一的位置，维持较大的投资强度，

2022 年投资会有明显下滑。主要原因如下：①锁定含国补的高电价的截止日期临近，风电开发商有抢开工抢节点并网的动力。2020 年是陆上风电和海上风电共同抢装期，2021 年则是海上风电最后的抢装节点，2022 年之后，政策驱动力不再，且前期的抢装在一定程度上透支了风电发展资源。②陆上风电红色预警全面解禁，未来三年三北等风资源禀赋可观地区大型风电基地投资有望复苏，进而拉动风电投资。③风电增值税和所得税政策环境总体平稳向好。预计 2020 年和 2021 年，风电在当前较高水平的投资强度下仍将有一定幅度的同比增长。

（2）供应形势。未来三年，我国风电装机容量占比和发电量占比仍将继续稳步提升。主要原因如下：①未来三年，风电仍会持续保持高强度投资；②风电弃风电量和弃风率已经连续三年实现双降，在狠抓可再生能源消纳的背景下，双降的趋势有望得到延续，风电的利用效率有望提升；③我国风电资源开发率仍不足 10%，资源待开发空间巨大。预计 2020 年和 2021 年风电年新增装机规模将持续同比提高，风电弃风率得到有效控制，风电设备利用小时有小幅提升。

（3）技术水平。未来三年，我国风电技术仍将更进一步，风机自主制造生产能力会进一步增强，国际领先技术的覆盖面将更广。我国在风机单机容量、低风速风机、风机零部件配套等方面已经具有较为强劲的国际竞争力，部分技术甚至处于国际领先地位，同欧洲等老牌风电强国之间的技术差距正逐步缩小。且我国风电正加大数字化风电，生产、维修和电网友好型风电等新技术的投入，为成为国际风电市场新技术领域领导者奠定了较好基础。

（4）盈利状况。未来三年，风电盈利能力稳中有降，尤其在 2022 年，将会出现较明显下滑。主要原因如下：①从当前综合状况来看，主要财务指标多数出现小幅降低，上市公司湘电股份甚至已连续两年亏损，被退市风险警示。②2021—2022 年，陆上风电和海上风电将先后迎来国补取消的里程碑事件，即便部分省份采用地补接力国补，仍难以完全抵消国补取消对风电的盈利所产生的较大冲击。③风电成本仍有下降空间，风电技术将推动成本进一步下降，会避免风电盈利能力出现大幅下降。④风电增值税和所得税继续维持当前的优惠政策。预计 2020－2021 年风电盈利能力将有所下降。

（5）综合展望。未来三年，风电领域投资有望达到平均近千亿的投资水平；装机容量和发电量占比双升，弃风电量和弃风率双降；技术能力将更进一步提升；风电盈利水平稳中略降。风电 2020－2021 年将迎来较大发展，2022 年风电发展或将面临“急刹车”的局面。

第 6 章

光伏发电投资及发展形势分析

太阳能发电包括太阳能光伏利用和光热利用两类。我国光热发电目前多处于示范项目开发阶段，累计装机容量规模不足同期光伏累计装机容量的1%。基于此，本章统一采用光伏发电的表达形式，其中投资、发电利用小时指标数据含光热发电。

6.1 光伏发电投资情况

6.1.1 光伏发电投资完成情况

（1）光伏发电投资完成额。2019年，光伏发电投资完成额189亿元，同比降低18亿元，同比降幅8.7%。光伏投资连续第二年下滑，但降幅在缩小。民营资本在光伏发电领域较为活跃，是投资的重要构成。国有资本在光伏发电领域里逐年加大投资，在收购民营企业股份和竞争光伏资源上动作越来越频繁。

2010年以来，我国光伏发电投资完成额呈总体增长明显、局部大幅波动的发展态势，投资整体缺乏稳定性，受政策影响较为显著。2010—2019年光伏发电投资完成额如图6-1所示。

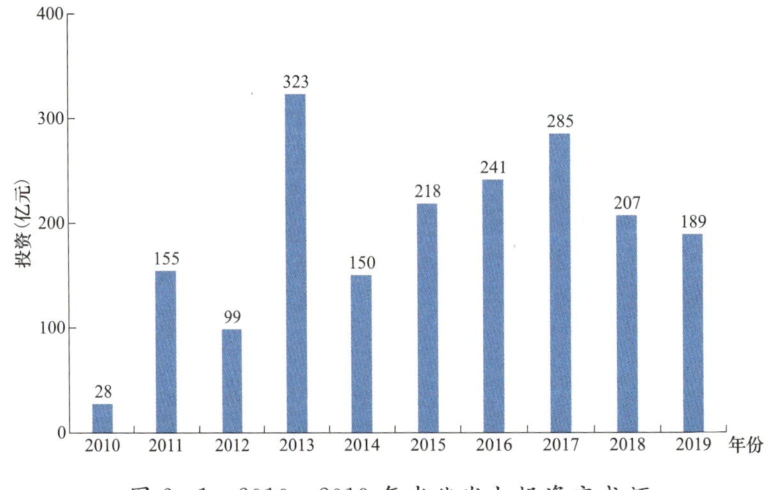

图6-1　2010—2019年光伏发电投资完成额

需要说明的是，目前光伏投资完成数是参照《中国电力年鉴》以及中电联发布的《全国电力工业统计快报》中全国主要电力企业电力工程建设完成投资数减去火电、水电、核电和风电建设完成投资数总和后计算得出。本报告判断该光伏投资数据是偏小的。然而在未获取更有效和更直接的太阳能发电投资数据渠道前，本报告仍采用该做法。在各年光伏投资完成数据的来源和计算方法一致的背景下，该组投资数据对于把握光伏投资发展趋势也具有一定价值。

（2）光伏发电投资在电源总投资中占比。2019 年光伏发电投资在电源总投资中占比 6.0%，同比下降 1.5 个百分点，连续第二年降低。2010 年及以前，光伏发电基本处于示范探索阶段，投资完成额几乎可以忽略不计。2010—2019 年光伏发电投资在电源总投资中占比呈总体有较大提升、局部剧烈波动的发展态势。2010—2019 年光伏投资在电源总投资中占比情况如图 6 - 2 所示。

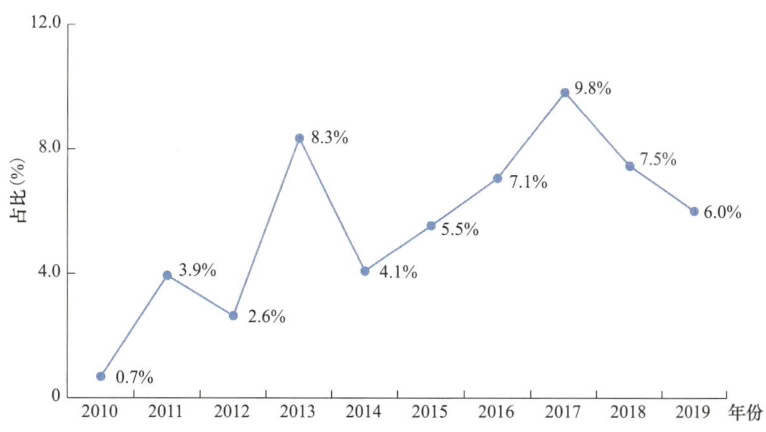

图 6 - 2　2010—2019 年光伏发电投资在电源总投资中占比

6.1.2　光伏单位工程造价情况

2019 年，我国光伏电站的单位造价成本为 4550 元/kW，较 2018 年下降

370元/kW，降幅7.5%。其中，管理费用、电网接入成本和一次性土地费用等非技术成本占比约20%，非技术成本在不同区域和不同项目间有较大差别，呈上涨趋势，且普遍高于国外。控制并降低非技术成本是保障光伏进入全面平价时代后健康持续发展的较关键因素。包括组件、逆变器、固定式支架、建安费用、一次设备、二次设备和电缆在内的系统成本占比约80%。

2013年以来，随着光伏技术持续快速进步，我国光伏发电单位造价水平显著降低，较2010年，降幅达到90%左右。2010—2019年光伏发电单位造价水平具体如表6-1所示。

表6-1　2010—2019年光伏发电单位造价水平　单位：元/kW

年份	2010	2011	2012	2013	2014	2015	2016	2017	2018	2019
光伏发电单位造价成本	25 000～50 000	13 000～28 000	8000～15 000	9183	8620	8466	—	—	4920	4550
集中式	—	—	—	—	—	—	8393	7258	—	—
分散式	—	—	—	—	—	—	7531	6605	—	—

6.1.3　光伏发电市场投资预警情况

为推动光伏发电建设运营环境不断优化，引导光伏企业理性投资，优化光伏产业建设运营环境，促进光伏产业健康有序发展，自2017年以来，国家能源局每年印发光伏发电市场环境监测评价结果。光伏发电市场环境监测评价结果分为红色、橙色和绿色三种状态，红色状态区域光伏项目投资风险最高，投资环境最差；橙色区域投资环境优于红色区域；绿色区域投资环境最优。弃光率10%以上的直接判定为红色。

2019年评价结果较2018年有较大改善，全国仅西藏为红色预警地区，红色资源区由5个降至1个，橙色资源区由14个降至11个，涉及地区包括天津、河北、四川、云南、陕西Ⅱ类资源区和甘肃等。2017—2019年光伏发电市场环境监测评价结果如表6-2所示。

表 6-2　　2017—2019 年光伏发电市场环境监测评价结果

资源区	地　　区	2019 年	2018 年	2017 年
Ⅰ类资源区	宁夏	橙色	橙色	红色
	青海海西	橙色	橙色	橙色
	甘肃嘉峪关、武威、张掖、酒泉、敦煌、金昌	橙色	红色	红色
	新疆哈密、塔城、阿勒泰、克拉玛依	橙色	红色	红色
	内蒙古除赤峰、通辽、兴安盟、呼伦贝尔以外地区	绿色	橙色	橙色
Ⅱ类资源区	北京	绿色	橙色	橙色
	天津	橙色	橙色	橙色
	黑龙江	绿色	绿色	绿色
	吉林	绿色	绿色	橙色
	辽宁	绿色	绿色	绿色
	四川	橙色	橙色	绿色
	云南	橙色	橙色	橙色
	内蒙古赤峰、通辽、兴安盟、呼伦贝尔	绿色	绿色	橙色
	河北承德、张家口、唐山、秦皇岛	橙色	橙色	橙色
	山西大同、朔州、忻州、阳泉	绿色	绿色	绿色
	陕西榆林、延安	橙色	绿色	橙色
	青海除Ⅰ类外其他地区	橙色	橙色	橙色
	甘肃除Ⅰ类外其他地区	绿色	红色	红色
	新疆除Ⅰ类外其他地区	橙色	红色	红色
Ⅲ类资源区	河北除Ⅱ类外其他地区	橙色	绿色	绿色
	山西除Ⅱ类外其他地区	绿色	绿色	绿色
	陕西除Ⅱ类外其他地区	绿色	绿色	橙色
	上海	绿色	橙色	橙色
	江苏	绿色	绿色	绿色
	浙江	绿色	绿色	绿色
Ⅲ类资源区	安徽	绿色	绿色	绿色
	福建	绿色	橙色	橙色
	江西	绿色	绿色	绿色
	山东	绿色	橙色	绿色

续表

资源区	地　区	2019年	2018年	2017年
Ⅲ类资源区	河南	绿色	绿色	绿色
	湖北	绿色	绿色	绿色
	湖南	绿色	绿色	绿色
	广东	绿色	绿色	绿色
	广西	绿色	绿色	绿色
	海南	绿色	橙色	橙色
	重庆	绿色	橙色	橙色
	贵州	绿色	绿色	绿色
	西藏	红色	红色	橙色

6.1.4　光伏发电投资政策环境

本节主要从增值税、所得税、国家补贴、建设方案和行业政策建议5个方面分析光伏发电投资政策环境。

(1) 增值税。2017年，国家能源局下达了征求对《关于减轻可再生能源领域涉企税费负担的通知》意见的函（简称《通知》)。《通知》规定，对纳税人销售自产的利用太阳能生产的电力产品，实行增值税即征即退50%的政策将从2018年12月31日再延长至2020年12月31日。据跟踪，后续各部委并未公开正式发文，但增值税即征即退50%延至2020年底政策实际是得以执行。光伏发电同水电、风电一样，在建设期大量积累增值税进项税额，运营期间成本基本均是不产生进项税额抵扣的人工成本和折旧费用，增值税政策对光伏发电企业的影响是明显的。当前光伏政策的不稳定性降低了光伏发电投资收益预期，行业中仍存在较强烈的形成增值税优惠长效机制的呼声。

(2) 所得税。2011年，财政部、海关总署、国家税务总局联合印发《关于深入实施西部大开发战略有关税收政策问题的通知》（财税〔2011〕58号)，明

确指出自 2011 年 1 月 1 日至 2020 年 12 月 31 日，对设在西部地区的鼓励类产业企业减按 15%的税率征收企业所得税，光伏企业享受此项政策。2020 年 4 月，财政部、税务总局、国家发展改革委联合印发《关于延续西部大开发企业所得税政策的公告》（财政部公告 2020 年第 23 号）（简称《公告》）。《公告》明确指出，自 2021 年 1 月 1 日至 2030 年 12 月 31 日，对设在西部地区的鼓励类产业企业减按 15%的税率征收企业所得税。西部地区光伏企业享受此项政策将延至 2030 年。

（3）国家补贴。2013 年以来，国家发改委共印发了 8 份关于光伏上网电价和补贴的相关文件，具体如表 6 - 3 所示。2013 年至今，光伏电站标杆上网电价和分布式光伏发电补贴强度均出现大幅降低，Ⅰ、Ⅱ类和Ⅲ类资源区光伏电站（6MW 及以上）每千瓦时标杆电价（2018 年改为指导上网电价）由 2013 年的 0.90 元（含税）、0.95 元和 1.0 元降至 2020 年每千瓦时 0.35 元、0.4 元和 0.49 元。分布式光伏度电补贴标准由 2013 年的 0.42 元降至 2020 年的工商业分布式光伏（6MW 及以下的非户用光伏）0.05 元、户用分布式光伏 0.08 元。Ⅰ类资源区光伏电站电价水平已经十分接近当地燃煤基准电价水平。以青海省为例，青海的燃煤发电基准电价为 0.325 元/kWh，如果上浮 10%（2020 年青海确定不上浮），则燃煤发电上网电价为 0.358 元/kWh，比光伏指导价要高。光伏电站基本已可以摆脱补贴。除了户用光伏是否取消补贴仍在讨论外，2020 年将是光伏电站、工商业分布式光伏全面平价前享受财政补贴的最后一年。

表 6 - 3　国家发改委印发的光伏上网电价和补贴的相关政策汇总

序号	政策	主要补贴规定
1	《国家发展改革委关于发挥价格杠杆作用促进光伏产业健康发展的通知》（发改价格〔2013〕1638 号）	（1）Ⅰ、Ⅱ类和Ⅲ类资源区光伏电站每千瓦时标杆上网电价为 0.90 元（含税，本表同）、0.95 元和 1.0 元； （2）分布式光伏度电补贴标准为 0.42 元

续表

序号	政策	主要补贴规定
2	《国家发改委关于完善陆上风电光伏发电上网标杆电价政策的通知》（发改价格〔2015〕3044 号）	Ⅰ、Ⅱ类和Ⅲ类资源区光伏电站每千瓦时标杆上网电价为 0.80 元、0.88 元和 0.98 元
3	《国家发展改革委关于调整光伏发电陆上风电标杆上网电价的通知》（发改价格〔2016〕2729 号）	Ⅰ、Ⅱ类和Ⅲ类资源区光伏电站每千瓦时标杆上网电价为 0.65 元、0.75 元和 0.85 元
4	《国家发展改革委关于 2018 年光伏发电项目价格政策的通知》（发改价格规〔2017〕2196 号）	（1）Ⅰ、Ⅱ类和Ⅲ类资源区光伏电站每千瓦时标杆上网电价为 0.55 元、0.65 元和 0.75 元； （2）分布式光伏度电补贴标准为 0.37 元
5	《国家发展改革委 财政部 国家能源局关于 2018 年光伏发电有关事项的通知》（发改能源〔2018〕823 号）	（1）Ⅰ、Ⅱ类和Ⅲ类资源区光伏电站每千瓦时指导电价为 0.5 元、0.6 元和 0.7 元； （2）分布式光伏度电补贴标准为 0.32 元
6	《国家发展改革委 财政部 国家能源局关于 2018 年光伏发电有关事项说明的通知》（发改能源〔2018〕1459 号）	对 5 月 31 日三部委联合印发的 8223 号文的补充说明
7	《国家发展改革委关于完善光伏发电上网电价机制有关问题的通知》（发改价格〔2019〕761 号）	（1）Ⅰ、Ⅱ类和Ⅲ类资源区光伏电站每千瓦时指导电价为 0.4 元、0.45 元和 0.55 元； （2）工商业分布式光伏度电补贴标准为 0.10 元，户用分布式光伏度电补贴为 0.18 元
8	《国家发展改革委关于 2020 年光伏发电上网电价政策有关事项的通知》（发改价格〔2020〕511 号）	（1）Ⅰ、Ⅱ类和Ⅲ类资源区光伏电站每千瓦时指导电价为 0.35 元、0.4 元和 0.49 元； （2）工商业分布式光伏度电补贴为 0.05 元、户用分布式光伏度电补贴为 0.08 元

（4）建设方案。2019 年 5 月 28 日，国家能源局印发了《关于 2019 年风电、光伏发电项目建设有关事项的通知》（国能发新能〔2019〕49 号）。发文附件《2019 年光伏发电项目建设工作方案》中明确了 2019 年光伏发电补贴总额为 30 亿元，其中，7.5 亿元用于户用光伏，22.5 亿元用于竞价项目补贴（包括集中式光伏电站和工商业分布式光伏）；规定并网期限，对逾期未建成并网的，每逾期一个季度并网电价补贴降低 0.01 元/kWh，在申报投产所在季度后两个季度内仍未建成并网的，取消项目补贴资格；要求于当年 7 月 1 日将 2019 年拟新建的补贴竞价项目信息报送国家能源局，仅留给项目业主一个月申报时间。项目补贴总额仅用于 2019 年新建项目。

2020 年 3 月 5 日，国家能源局印发《关于 2020 年风电、光伏发电项目建设有关事项的通知》（国能发新能〔2020〕17 号）。发文附件《2020 年光伏发电项目建设工作方案》中明确了 2020 年光伏发电补贴总额为 15 亿元，其中，5 亿元用于户用光伏，10 亿元用于竞价项目补贴；要求当年 6 月 15 日将 2020 年拟新建的补贴竞价项目信息报送国家能源局，申报时间 3 月有余；规定项目补贴总额仅用于 2020 年新建项目。后续解读信息表明，可享受国家补贴的户用光伏并网截止时间的确定方法与 2019 年保持一致。

（5）行业政策建议。土地使用费和融资成本等非技术成本占投资总成本的 20%左右。行业呼吁降低光伏非技术成本的呼声较高。光伏平价时刻近在眼前，深化光伏发电领域的减税降费，对于财政和光伏产业而言，是双赢之举。

6.2　光伏发电供应情况

相较其他电源，太阳能利用虽发展起步较晚，但在政策扶持和国家补贴下，得到高速发展。2019 年光伏发电装机规模达到 20 430 万 kW，仍延续高速的发展态势。相较装机规模，光伏发电量水平则受限于利用小时等因素影响占比较低。2020 年将是光伏电站、工商业分布式光伏享受国家补贴的最后一年，未来光伏的供应状况也必将发生较为深刻的变化。

6.2.1 装机容量

（1）光伏发电新增装机容量。2019 年，我国光伏新增装机容量 3011 万 kW，其中，新增光伏电站装机容量 1791 万 kW，新增分布式光伏装机容量 1220 万 kW。新增分布式光伏装机容量在总新增装机容量中占比由 2015 年 9.2%提升至 2018 年的 47.4%，2019 年则有所回落，降低至 40.5%。相较其他电源类型，集中式和分布式均衡发展是光伏发电领域的特点。2015—2019 年新增光伏发电装机容量结构具体如图 6 - 3 所示。

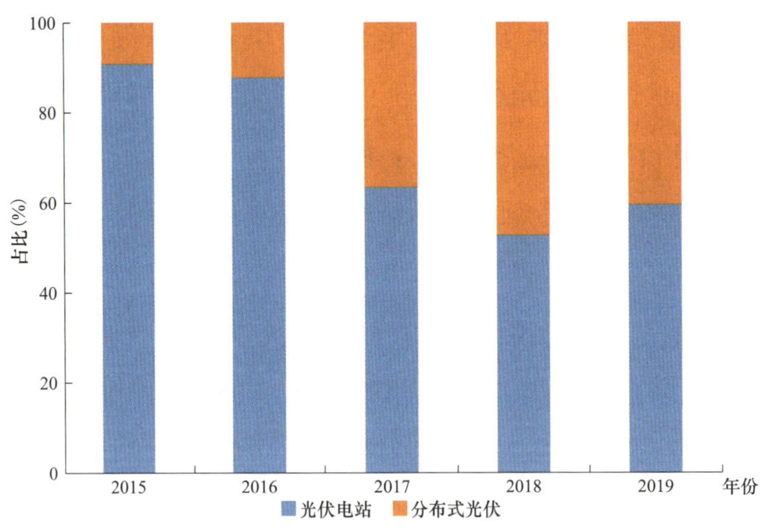

图 6 - 3　2015—2019 年新增光伏发电装机容量结构

（2）光伏发电累计装机发展现状及趋势。2019 年，光伏发电累计装机容量 20 430 万 kW。值得一提的是，由于 2019 年光伏建设方案出台时间较晚、留给光伏项目业主仅一个月申报时间等因素，2019 年申报的 2280 万 kW 竞价项目

仅并网约 1000 万 kW。根据《2019 年光伏发电项目建设工作方案》中对享受补贴的并网时间的规定，2019 年竞价未并网项目必须在 2020 年 6 月 30 日前并网才能享受补贴政策。

2010 年以来，我国光伏发电累计装机容量呈现连年高速增长的发展态势，累计装机容量规模由 2010 年 26 万 kW 增至 2019 年 20 430 万 kW，年均增长 2267 万 kW，年均增幅达 109%。值得一提的是，2019 年光伏累计装机容量已经接近“十三五”规划的 10 500 万 kW 目标的两倍。2010—2019 年光伏发电累计装机容量如图 6-4 所示。

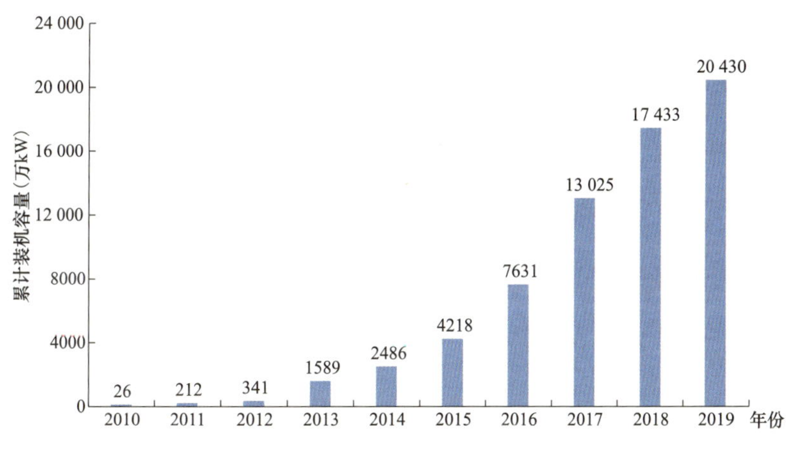

图 6-4 2010—2019 年光伏发电累计装机容量

（3）光伏发电累计装机容量在我国电源总装机容量中占比。2019 年光伏发电累计装机容量在我国电源总装机容量中占比 10.2%，同比提高 1 个百分点，增长速度有所放缓。2010 年以来，光伏发电累计装机容量在我国电源总装机容量中占比逐年稳步提升，2015 年以来提升幅度明显加快，几乎年均提升 2 个百分点。2010—2019 年光伏发电累计装机容量在我国电源总装机容量中占比情况如图 6-5 所示。

（4）2019 年各省光伏发电累计装机容量。2019 年，山东光伏发电累计装机容量达 1619 万 kW，排名第一，江苏 1486 万 kW 紧随其后，排名第二，光伏装机容量达 1000 万 kW 级的省份由 2018 年的五省迅速提高至十省。前十省累

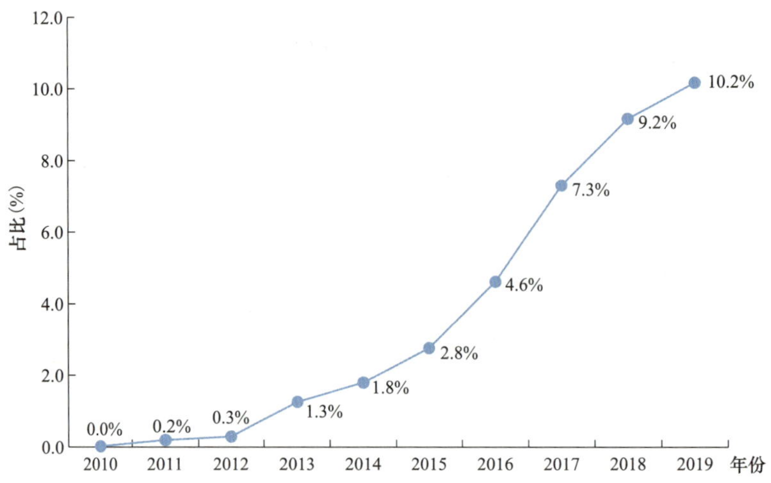

图6-5　2010—2019年光伏发电累计装机容量在我国电源总装机容量中占比

计装机12 537万kW，占全国累计装机总量的61.4%。光伏发电装机相较水电和风电而言更为分散，各省发展和布局相对更为均衡，主要是由于全国范围内太阳能资源禀赋相较水力和风能分布相对更为均衡。2019年，贵州新增光伏装机容量较为突出，全年新增340万kW，是截至2018年底累计装机170万kW的2倍。

从各省累计和新增装机容量结构来看，由于各省电力需求和资源禀赋的不同，太阳能资源呈现出两种较为鲜明的利用规律：①光伏装机容量达1000万千瓦级的电力需求大省，资源开发主要目的在于就地消纳，故其太阳能资源采用分布式和光伏电站并举的发展模式，分布式发展较快。2019年分布式新增装机规模同光伏电站几乎相当，且分布式正成为新增装机的主要开发利用形式。②对于内蒙古、新疆、青海、宁夏、甘肃、山西和贵州等电力内需相对较少的资源大省来说，当前几乎仍以光伏电站的形式开发和利用太阳能资源，其资源开发的主要目的是外送，以实现资源优势向经济优势的转化。

2019年各省光伏发电累计及新增装机容量及其结构具体如图6-6、图6-7所示。

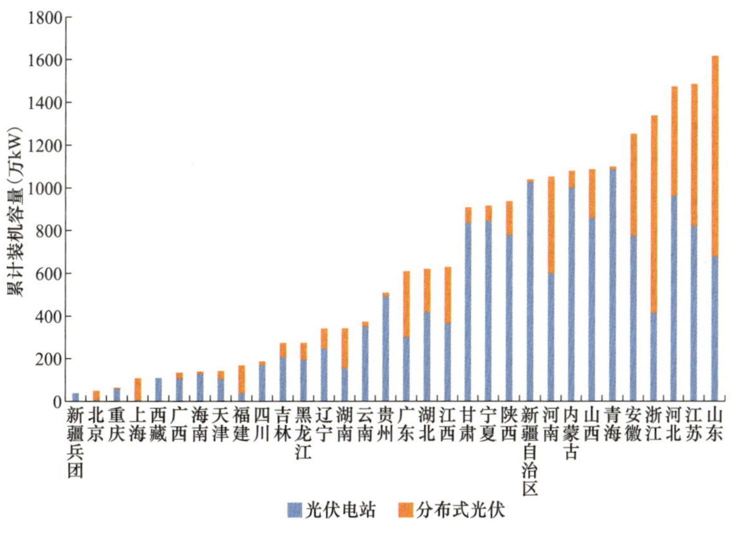

图 6-6　2019 年各省光伏发电累计装机容量及结构

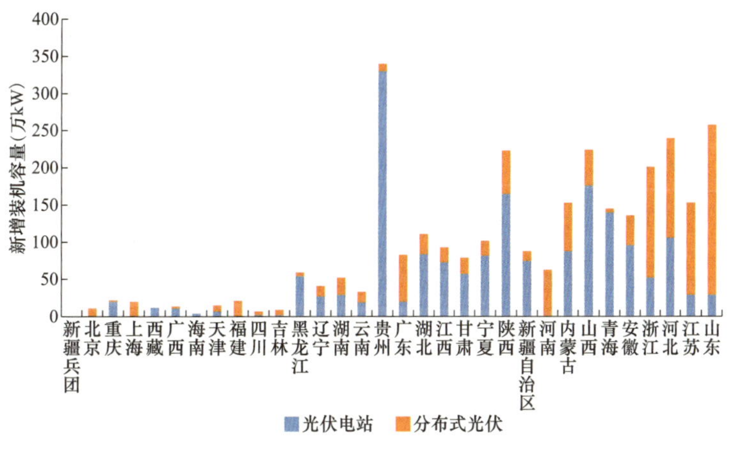

图 6-7　2019 年各省光伏发电新增装机容量及结构

6.2.2　发电量

（1）光伏发电量现状及发展趋势。2019 年，光伏发电量 2243 亿 kWh，同比增长 474 亿 kWh，同比增幅 26.8%。光伏发电量仍以较高增速增长。

2010 年以来，光伏发电量呈现逐年大幅提升的发展态势。2014 年以前，我国光伏发电量微乎其微，2014—2019 年，发电量由 235 亿 kWh 增至 2243 亿

kWh，总体增长近 10 倍，年均增长 402 亿 kWh，年均增幅 91%。2010—2019 年光伏发电量如图 6-8 所示。

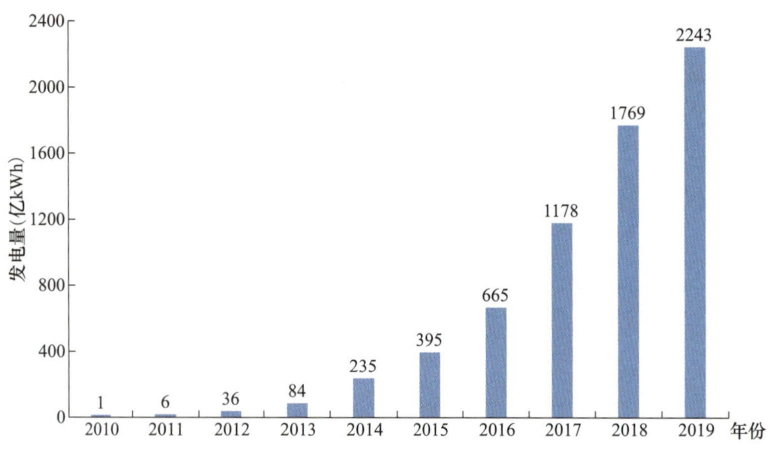

图 6-8　2010—2019 年光伏发电量

（2）光伏发电量在全国发电总量中占比。2019 年光伏发电量在全国发电总量中占比为 3.1%，同比提高 0.6 个百分点，占比仍较小。2010—2019 年，光伏发电量在全国发电总量中占比逐年稳步提升，2016 年占比首次超过 1%。风电和光伏虽在 2019 年发电装机容量占比双双首破 10%，但在发电量上占比则较低，光伏更为突出。2010—2019 年光伏发电量在全国发电总量中占比情况如图 6-9 所示。

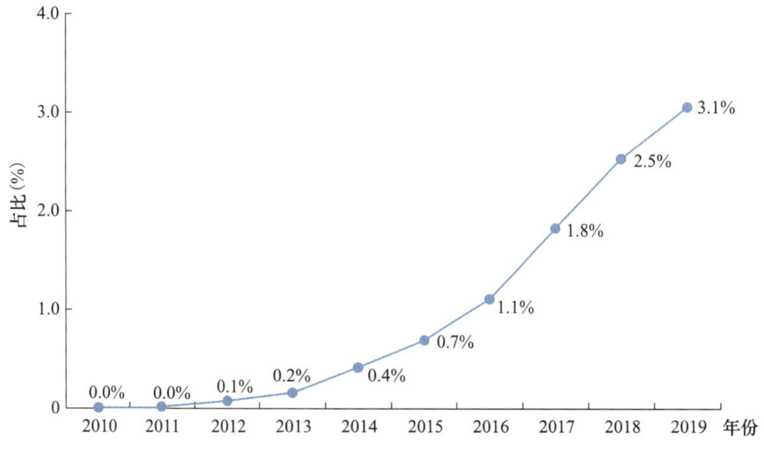

图 6-9　2010—2019 年光伏发电量在总发电量中占比

6.2.3　弃电量和弃光率

（1）全国弃光电量和弃光率整体情况。2019 年，全国弃光电量 46 亿 kWh，同比减少 9 亿 kWh，弃光率 2%，同比降低 1 个百分点，弃光状况得到较好缓解。2020 年光伏发电弃光率目标为 5%，2019 年光能利用效率虽然已经提前实现控制目标，但在光伏装机大幅增长的背景下，2020 年仍需谨防反弹。

2019 年，在规定光伏发电最低保障收购年利用小时数的地区中，新疆、甘肃、宁夏和陕西 4 省（区）未达到光伏发电最低保障收购年利用小时数要求，其中，新疆Ⅰ类和Ⅱ类资源区实际利用小时数比最低保障收购年利用小时数地区分别低 27h 和 196h，甘肃Ⅰ类和Ⅱ类资源区分别低 59h 和 221h，宁夏Ⅰ类资源区低 136h，陕西Ⅱ类资源区低 6h。

2016 年以来，在累计装机容量逐年大幅攀升的背景下，光伏发电实现弃光电量和弃光率连续第三年“双降”，弃光电量总体降幅达 38.7%，弃光率总体降低了 8.1 个百分点，光伏发电消纳情况持续向好发展。2016—2019 年光伏发电消纳数据如表 6-4 所示。

表 6-4　　2016—2019 年光伏发电消纳数据

年　份	2016	2017	2018	2019
弃光电量（亿 kWh）	75	73	55	46
弃光率（%）	10.1	5.8	3	2

（2）弃光电量和弃光率较高省份情况。西藏、新疆、甘肃弃光率分别为 24.1%、7.4%、4.0%，同比下降 19.5、8.2、5.6 个百分点；青海受新能源装机大幅增加、负荷下降等因素影响，弃光率提高至 7.2%，同比提高 2.5 个百分点。2015—2019 年典型省份消纳数据如表 6-5 所示。

表 6-5　　2015—2019年光伏双弃典型省份消纳数据统计

双弃典型省份		2015年	2016年	2017年	2018年	2019年
弃光率	西藏				43.60%	24.10%
	新疆（不含兵团）	26%	31%	22%	16%	7.4%
	甘肃	31%	30%	20%	10%	4.0%
	青海				4.70%	7.20%
弃光电量（亿kWh）	新疆（不含兵团）	—	—	28.2	21.4	—
	甘肃	—	—	18.5	10.3	—

6.2.4　发电设备利用小时

2019年，6000kW及以上电厂光伏发电设备利用小时为1285h（含光热发电），同比增长55h，光伏发电利用小时连续第三年小幅攀升，但仍处于历史较低水平。

2012年以来，我国6000kW及以上电厂光伏发电设备利用小时呈微笑曲线的发展趋势。2012—2019年6000kW及以上电厂光伏发电设备利用小时如图6-10所示。

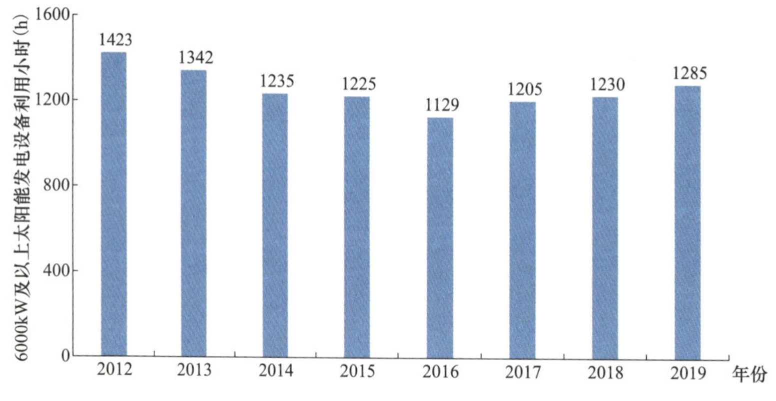

图 6-10　2012—2019年6000kW及以上电厂光伏发电设备利用小时

6.3　光伏发电技术发展情况

随着技术持续推进，光伏已初步具备了同煤电等其他常规能源平价的条件。持续的技术进步也将是全面平价时代光伏进一步发展成为廉价能源的重要推动力。本部分将具体从光伏原料技术、组件技术、逆变器技术、跟踪支架技术等方面展现我国光伏发电技术发展现状及趋势。

6.3.1　光伏玻璃

光伏玻璃减薄。目前光伏玻璃公称厚度从 3.2mm 分别降到 2.5、2.0mm 和 1.6mm。随着薄玻璃成品率的提升和厚度控制地更加精准，光伏玻璃的产能有望进一步提升。同时，玻璃厚度的降低和规模化的生产，玻璃的制造成本和售价会相应降低，有助于进一步降低光伏组件价格。

光伏玻璃尺寸变大。目前光伏组件主要是使用 60 片或 72 片的 M2 电池片封装而成。随着半片、叠瓦、大尺寸电池片的兴起，光伏组件变大，光伏玻璃尺寸变大也是趋势。

6.3.2　光伏电池组件技术

双面组件。双面组件的市场份额在逐步提升，目前主流结构是双玻双面组件。同单面组件相比，双面组件可以接收正面直接照射的太阳光和背面的反射光，进行双面发电，发电量更多，且适用场景更多。

大尺寸组件。加大电池尺寸以提高光伏组件的发电功率，是降低光伏电站系统发电成本较有成效的做法。如隆基股份 M6 电池片比主流的 M2 电池片（长度 156.75mm）单片面积超出 13%左右；中环 M12 电池片比主流 M2 电池片的单片面积超出了 80%左右。

差异化光伏组件。终端客户在不同的安装环境下使用需求不同，对光伏组件也有特殊要求，如机场或机场附近的防眩光光伏组件、用于屋顶的黑色无色差光伏组件、用于海边或水面的防潮型光伏组件、用于沙漠地区的耐风沙光伏组件、BIPV（建筑一体化光伏发电）或RIPV（屋顶一体化光伏发电）特殊组件等。目前差异化光伏组件市场份额较小，但由于差异化定制是提升服务质量抢占市场份额的一项有利策略，未来市场份额将会提升。

6.3.3 光伏逆变器技术

光伏逆变器市场以适用于光伏电站的集中式逆变器和适用于分布式光伏的组串式逆变器为主，微型和其他类型逆变器占比极小。近几年，随着分布式光伏同光伏电站的齐飞发展，以及组串式逆变器成本的迅速下降，组串式逆变器的市场份额在不断提高。

集中式逆变器在持续提升转换效率和加大单机功率。集中式逆变器效率提高的关键在于新型器件和新型拓扑的技术突破，当前随着SiC、CAN、性能优异的DSP等各种新型器件和新型拓扑的应用，逆变器的最大效率已经达到99%，下一个目标是99.5%。同时，集中式逆变器加大单机功率也是另一发展趋势。加大单机功率可以降低光伏初始投资成本。据索比光伏网数据，与1MW方阵相比，2.5MW的方案可降低成本约0.1元/W，即100MW的电站可降低1000万初始投资。未来2.5MW及更大功率等级的逆变器将被广泛应用。

组串式逆变器正致力于加大单机功率、减轻重量、加强散热，以增强多情景运用能力。渔光互补、水上漂浮式、大型屋顶等分布式电站应用环境复杂，安装维护困难，组串式逆变器加大单机功率、降低重量，将会更便于安装和维护，也能降低制造成本。同时，未来更高寿命和更长质保年限的智能风扇散热系统也将是组串式进一步降低内部元器件温升的重要突破方向。

微型逆变器被部分专家学者认为是一种更安全、更高效、更智能的逆变器技术，安装简单，应用条件要求极简。目前微型逆变器市场份额较低。

6.3.4 光伏跟踪支架技术

影响双面组件发电效率的最主要因素包括地表反射率和组件的安装高度。光伏跟踪支架是保持太阳能电池板随时正对太阳的动力装置，可协助光伏组件最大限度地捕获入射的太阳能。相较固定支架，采用太阳能跟踪支架能够使得光伏组件随着光照环境的变化做出调整，使得组件处于反射率和安装高度均相对较优的状态，有效发挥太阳能光伏组件的作用。

6.4 光伏盈利情况

目前，国内多数能源集团多依托于设立的新能源发电公司开展可再生能源业务，光伏发电业务盈利状况较难从新能源发电公司全部业务中单独剥离出来。考虑到当前光伏制造企业是整个行业的重要构成之一，且上市公司的数据全面较易获取，故本节从典型企业盈利指标表现（行业综合财务指标）具体展现光伏发电的盈利情况。本节具体整理了 6 家光伏相关上市企业财务指标，包括销售毛利率、销售净利率、总资产收益率、净资产收益率和资产负债率，具体如表 6 - 6 所示。

表 6 - 6　　6 家典型光伏相关上市公司综合财务数据

上市公司	年份	销售毛利率（%）	销售净利率（%）	净资产收益率（%）	总资产净利润率（%）	资产负债率（%）
天合光能	2016	19.3	1.0	6.0	1.4	75.4
	2017	17.4	2.3	4.8	1.7	67.6
	2018	15.9	2.2	4.9	2.1	54.7
	2019	17.4	3.0	5.4	2.1	65.2
隆基股份	2015	20.4	8.8	9.2	5.1	44.6
	2016	27.5	13.5	15.4	8.1	47.4
	2017	32.3	21.7	24.9	10.8	56.7
	2018	22.2	11.7	15.3	6.5	57.6
	2019	28.9	16.9	19.1	11.2	52.3

续表

上市公司	年份	销售毛利率（%）	销售净利率（%）	净资产收益率（%）	总资产净利润率（%）	资产负债率（%）
协鑫集成	2015	15.4	10.2	17.8	4.3	75.8
	2016	13.3	-0.3	-0.8	-0.2	79.4
	2017	11.9	0.3	0.9	0.2	79.3
	2018	13.1	0.5	1.3	0.3	77.2
	2019	10.0	0.8	1.3	0.4	72.3
东方日升	2015	21.8	6.5	10.9	4.0	63.0
	2016	20.6	10.3	18.3	7.3	60.3
	2017	16.9	6.0	9.1	4.2	54.4
	2018	18.1	2.3	2.7	1.2	55.3
	2019	20.9	6.8	11.8	4.4	63.4
阳光电源	2015	23.7	9.3	15.0	6.3	58.2
	2016	24.6	9.1	9.2	4.7	48.8
	2017	27.3	11.4	14.4	6.2	56.8
	2018	24.9	7.9	10.5	4.4	57.8
	2019	23.8	7.0	10.4	4.4	61.6
科士达	2015	34.0	15.1	13.1	9.1	30.0
	2016	36.8	17.1	15.0	10.6	29.2
	2017	32.8	13.6	16.4	9.7	40.5
	2018	29.7	8.5	9.5	6.5	31.5
	2019	35.9	12.3	12.2	8.5	35.3

2019 年，光伏发电收益指标回暖，几乎均同比提升，整体处于 2015 年以来历史较优水平。2015—2019 年，多数企业净资产收益率和总资产收益率同比有所提升，各企业间发展差距呈拉大趋势。光伏发电企业资产负债率在各电源类型中处于较低水平，多数企业资产负债率指标有不同程度攀升。

光伏发电较风电而言，行业波动性更强，行业盈利状况更好，行业内部各企业间发展不平衡性更突出，财务杠杆更低。

6.5　光伏发电发展前景展望

（1）投资趋势。我国光伏投资 2020 年会有较大幅度提升，随即在 2021 年出现较大幅度下降后企稳。主要原因如下：①2019 年存在超 1000 万 kW 竞价未并网项目投资结转到 2020 年，叠加 2020 年本年需求，预计 2020 年装机规模会有较大增幅。②2020 年是我国光伏电站和工商业分布式光伏享受国补的最后一年，分布式光伏也有可能是最后一年，会迎来享受补贴锁定较高电价的抢装潮。③光伏增值税优惠政策 2020 年将到期。④我国光伏投资环境有较大改善，全国仅西藏为红色资源区，橙色资源区也有一定幅度降低，为光伏投资在区域上大幅解除了政策硬约束。⑤光伏是未来清洁电源供应体系中的主力电源，是能源清洁低碳转型的发展方向，且资源待开发潜力巨大。

（2）供应形势。未来三年，我国光伏发电装机容量占比和发电量占比仍将继续以较大幅度提升，新增装机容量会在 2020 年前后出现较大波动。主要原因如下：①2020 年光伏发电装机容量将同比提高 30%。2019 年约有 1000 万 kW 竞价未并网项目将在 2020 年 6 月 30 日前后并网。根据 2020 年补贴总额和补贴标准进行测算，2020 年光伏竞价项目（包括光伏电站和工商业分布式光伏）和户用分布式光伏项目装机容量将分别达到 1100 万 kW 和 600 万 kW，另外加上平价上网项目（预估 800 万 kW）、光伏示范项目（预估 300 万 kW）和光伏扶贫项目（预估 100 万 kW），预计 2020 年五大类光伏项目装机规模和上年度竞价结转本年项目装机规模之和总计约 3900 万 kW。②2021 年全面平价后将会出现较大幅度下降，户用分布式光伏可能取消补贴，光伏财税政策不确定性增加，2021 年光伏政策环境产生不利变化，影响将会在新增装机容量上体现。③随着监管持续完善成熟，政策突发、申报仓促等 2019 年政策抑制需求因素不再，2020 年大量结转装机情形在后续年份会尽可能避免再出现，后续年份装机将更平滑。预计 2020 年我国光伏新增装机容量将达 3900 万 kW，2021 年出现一定幅度下降后企稳。发电设备利用小时会出现小幅波动。

（3）技术水平。未来三年，我国光伏发电技术层面仍有较大进步空间，国际领先技术的覆盖面将更广。主要发展方向如下：①光伏玻璃将朝着更大更薄发展；②光伏电池组件将朝着双面、大尺寸、差异化定制等方向发展；③光伏逆变器将朝着高效率、低成本、高功率密度，便捷安装维修、强大复杂恶劣环境适应能力提升等方向发展；④光伏跟踪式支架是未来光伏发展的必然选择。

（4）盈利状况。未来三年，光伏发电盈利能力将会呈持续小幅下降态势。主要原因如下：①光伏电价竞价上限和补贴强度连续降低，2021 年将进入无补贴的全面平价时代，光伏电站和工商业分布式光伏项目资源和上网电价将由市场竞争配置和决定，电价大概率将进一步下行。②光伏发电同风电相比，典型上市企业财务表现更为优异，在资本自由流动下，光伏发电更有吸引力，资本大量涌入，将会让光伏发电盈利表现同其他较高相似性的新能源行业逐步拉近。预计 2020—2021 年光伏发电盈利能力均将同比略有降低。

（5）综合展望。未来三年，光伏发电投资在出现较大波动后企稳；光伏发电供应水平仍将继续较大幅度提升；技术有望更进一步发展，助力光伏单位造价水平继续降低；光伏发电盈利水平呈持续小幅下降态势。光伏发电经营环境将会有较大改变，不利变化略多，总体仍将有较大发展的基本面不会改变。

第 7 章

电网投资及发展形势分析

我国电网行业高度集中，国家电网和南方电网占据了绝大部分份额，故本章分析中，电网供应和电网盈利部分指标选取国家电网公司和南方电网公司两大重点企业数据进行分析。

7.1 电网投资情况

7.1.1 投资规模

2019年电网投资达到4856亿元，同比下降9.6%。总体看来，自2010年开始，电网投资保持稳定增长趋势，在2016年达到历史最高位水平后，近年来步入调整期，投资开始呈现下滑趋势。这反映出随着输配电价改革的持续推进，政府对电网投资监管不断加强，电网企业逐步适应形势变化要求，在电价不断下降的政策压力下，更加注重电网投资与电量增长的协调发展。需要说明的是，本章电网投资数据口径仅包括电网基建投资完成额，不含电网企业技改、小型基建和其他非管制业务投资。2010—2019年我国电网投资情况如图7-1所示。

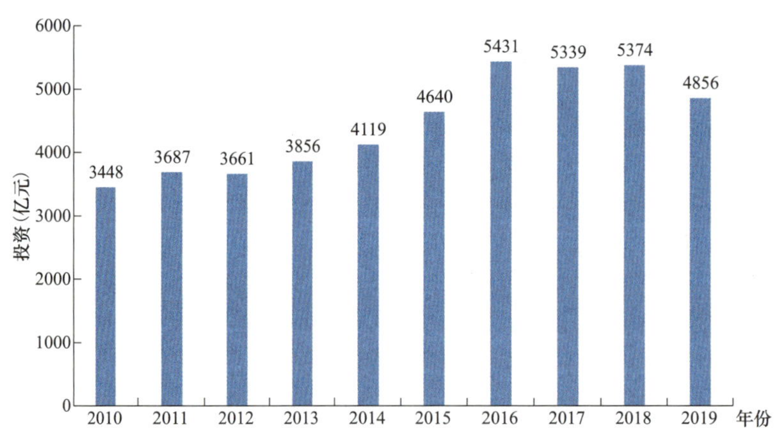

图7-1 2010—2019年我国电网投资情况

2010—2019年电网新增建设规模情况如图7-2所示。

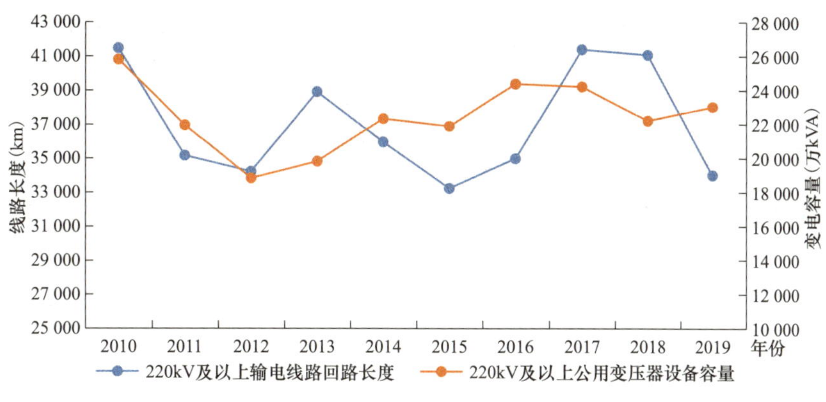

图 7-2　2010—2019 年电网新增建设规模情况

从电网新增规模结构来看，2019 年 220kV 及以上公用变压器设备容量同比增长 4%，220kV 及以上输电线路长度同比大幅下降 17%，反映电网新建主变工程增多，但新增线路出线距离大幅减少；从电网新增规模近年发展来看，输电线路近 10 年波动性较变电设备更为明显，新增变电设备规模总体水平相对平稳。

7.1.2　投资结构

电网投资主要包括输变电投资和其他投资，输变电投资进一步分为交流投资和直流投资。2018 年电网投资结构中交流投资占主导地位，占比达到 86%，直流投资占比 10%。2018 年电网投资结构情况如图 7-3 所示。

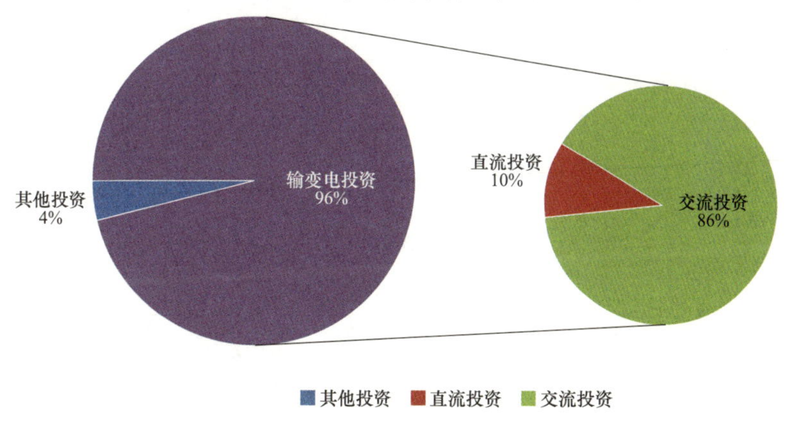

图 7-3　2018 年电网投资构成情况

2010—2019 年电网投资结构发展方面，交流投资 10 年来始终占电网投资的 80%以上份额，除 2017 年有明显下降外，整体保持增长趋势；直流投资在 2015 年后连续两年快速增长后，近两年来逐步回落。2010—2019 年电网投资结构及发展如图 7-4 所示。

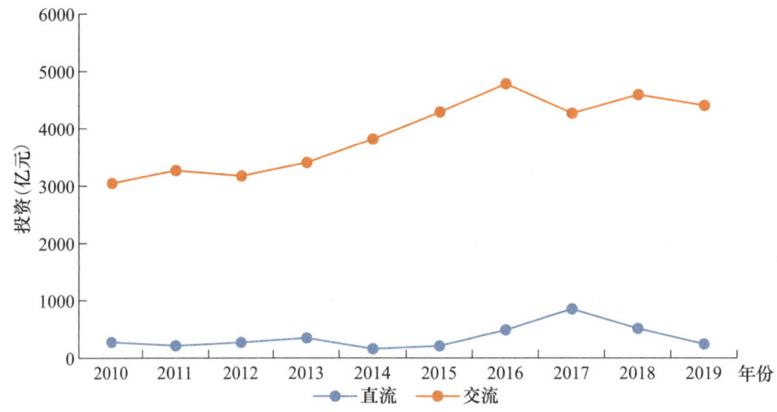

图 7-4　2010—2019 年电网投资结构及发展

从 2010—2019 年新增线路长度主要规模结构发展来看，110kV（含 66kV）线路长度规模始终保持最大，近 10 年总体规模持续下降；220kV 线路规模居中，整体保持平稳；500kV 线路规模除 2018 年增长较快外，整体规模相对稳定。2010—2019 年新增线路长度主要规模结构发展如图 7-5 所示。

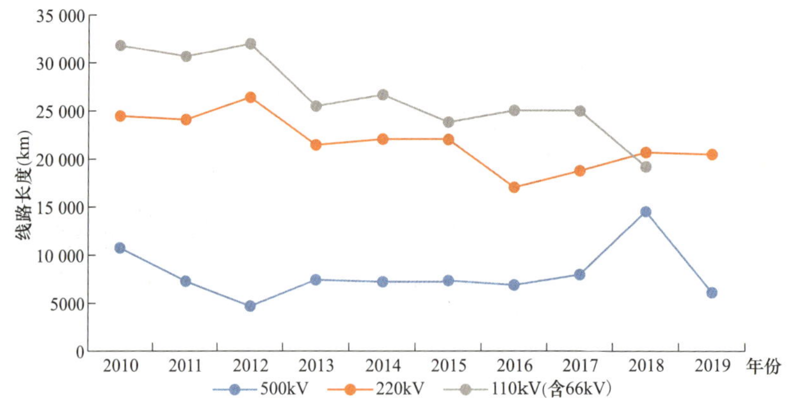

图 7-5　2010—2019 年新增线路长度主要规模结构及发展

从 2010—2019 年新增变电容量主要规模结构发展来看，主要电压等级的变电容量规模发展出现分化，500kV 变电容量规模发展总体呈增长趋势，占比逐步增加；220kV 变电容量规模发展相对稳定，总体波动不大；110kV 变电容量规模发展总体略有降低，规模占比仍相对较高。2010—2019 年变电容量主要规模结构发展如图 7-6 所示。

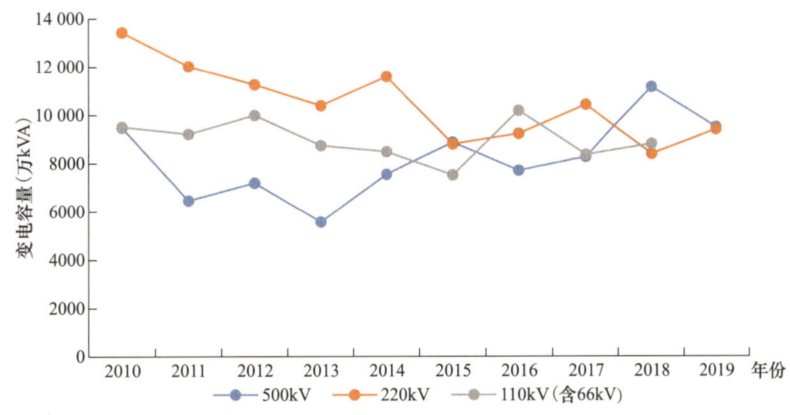

图 7-6　2010—2019 年变电容量主要规模结构及发展

7.1.3　投资环境

2019 年，世界经济增长持续放缓，GDP 增速降至 2.3%，为 10 年来最低水平。我国正处在转变发展方式、优化经济结构、转换增长动力的攻关期，2019 年 GDP 增长 6.1%，在全球主要经济体中表现较好，但也面临着较大的下行压力。从电力行业看，电力体制改革持续深化、提速，电网传统盈利空间不断被挤压。电网投资所面临的环境具体表现在以下 4 个方面。

第一，输配电价进一步下调。2019 年一般工商业电价连续第二年再降 10%，其中涉及电网企业降价主要是通过延长输配电线路等资产折旧年限，总体降低电网企业固定资产平均折旧率 0.5 个百分点，来实现省级电网企业含税输配电价的降低。

第二，电网企业成本监审趋严趋紧。2019 年 1 月国家发展改革委启动第二轮成本监审工作，并于 5 月联合国家能源局印发《输配电定价成本监审办法》（发改价格规〔2019〕897 号），对材料费、修理费等费用设置费用上限；明确对未实际投入使用、未达到规划目标等新增输配电资产的成本费用支出不予列入输配电成本；增加对租赁费等涉及重大内部关联方交易费用的审核；增加并明确电动车充换电服务成本、抽水蓄能、电储能等项目成本不得计入输配电成本。

第三，电网政策性投资需求旺盛。2019 年是决胜全面建成小康社会的关键之年，也是精准脱贫的攻坚之年，电网投资领域承担着加大“三区三州”等深度贫困地区和特殊贫困群体能源脱贫攻坚力度；在此基础上，国家正在实施西部大开发、东北全面振兴、中部地区崛起、东部率先发展、建设粤港澳大湾区以及海南自由贸易港等战略，电网投资也应积极作为，提供坚强电力供应保障。

第四，疫情后电网企业“稳投资”社会责任重大。受全球疫情冲击，世界经济严重衰退，2020 年政府工作报告提出加大“六稳”工作力度，以维护经济发展和社会稳定大局，“稳投资”是其中的一项重要工作。作为大型中央企业，电网企业关系到国民经济命脉，肩负着服务经济社会发展的重大社会责任。疫情以来，国家电网和南方电网相继出台重要举措，加强复工复产，全力稳投资，带动产业链上下游企业发展。

7.2 电网供应情况

7.2.1 供电可靠率

2019 年全国供电可靠率达到 99.931%，同比提高 0.11 个百分点，全国用户平均停电时间为 13.72h/户，同比减少 2.03h/户；近三年全国供电可靠率稳步提升，平均停电时间逐步下降。2010—2019 年全国供电可靠率和平均停电时

间发展情况见图 7－7。

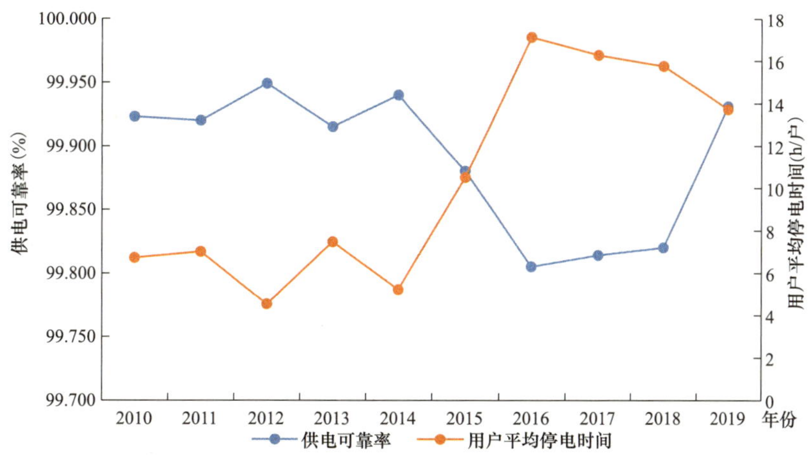

图 7－7　2010—2019 年全国供电可靠率和平均停电时间

7.2.2　平均线损率

2019 年全国平均线损率为 5.9%，同比下降 0.37 个百分点；2013 年以来全国平均线损率连续 6 年持续下降，反映降低能量损耗越来越得到重视，电网企业的绿色节能水平不断提高。2010—2019 年全国平均线损率发展情况如图 7－8 所示。

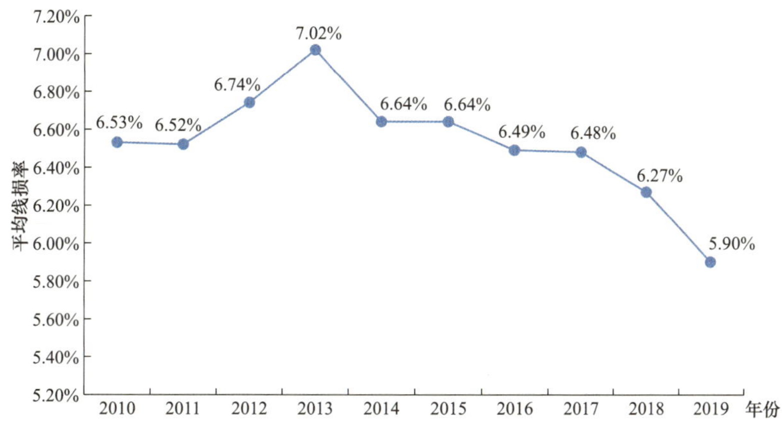

图 7－8　2010—2019 年全国平均线损率

7.2.3 售电量

电网售电量选取国家电网和南方电网两大重点企业数据进行分析，2019 年国家电网和南方电网售电量合计 55 054 亿 kWh，其中国家电网售电量占比 81%，南方电网占比 19%；售电量同比增长 5.7%，其中国家电网增长 5.1%，南方电网增长 8.4%。在宏观经济运行总体平稳、服务业和高新技术及装备制造业较快发展、电能替代快速推广、城农网改造升级释放电力需求等因素综合影响下，近 10 年来，电网企业售电量总体呈持续增长趋势。2010—2019 年国家电网和南方电网售电量及增速发展情况如图 7-9、图 7-10 所示。

图 7-9　2010—2019 年国家电网与南方电网售电量

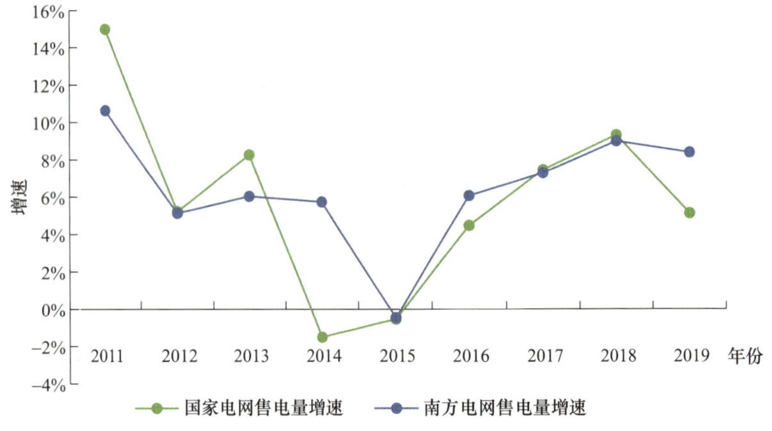

图 7-10　2010—2019 年国家电网与南方电网售电量增速

7.3　电网盈利情况

7.3.1　资产总额

2019 年国家电网和南方电网资产总额合计 50 773 亿元，同比增长 7%，其中国家电网增长 5.5%、南方电网增长 14.6%；近 10 年来，国家电网和南方电网资产总额呈稳定增长趋势，2018 年以来，南方电网资产总额增速开始超过国家电网。2010—2019 年国家电网和南方电网资产总额及增速发展情况如图 7-11、图 7-12 所示。

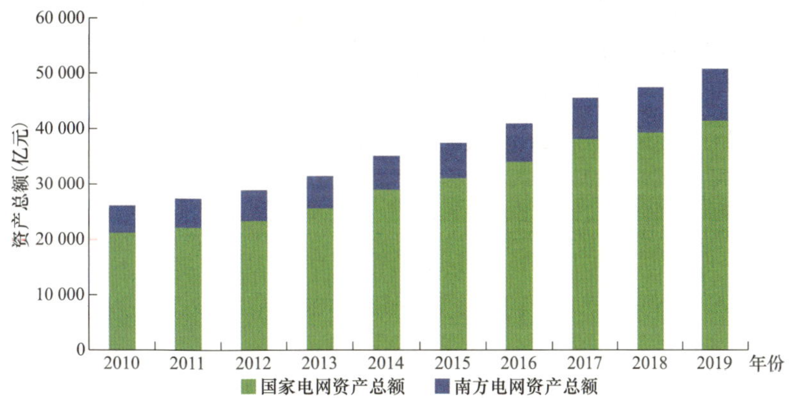

图 7-11　2010—2019 年国家电网与南方电网资产总额

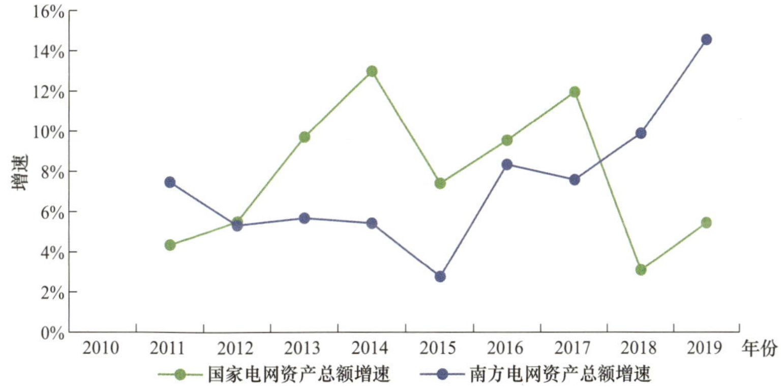

图 7-12　2010—2019 年国家电网与南方电网资产总额增速

7.3.2 营业收入

2019 年国家电网和南方电网营业收入合计 32 267 亿元，同比增长 4.2%，其中国家电网增长 4%、南方电网增长 6%。近 10 年来，国家电网和南方电网营业收入呈稳定增长趋势。2010—2019 年国家电网和南方电网营业收入及增速发展情况如图 7 - 13、图 7 - 14 所示。

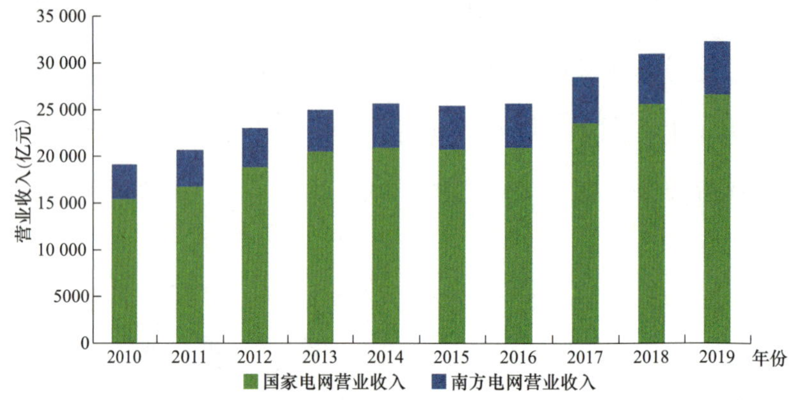

图 7 - 13　2010—2019 年国家电网和南方电网营业务收入

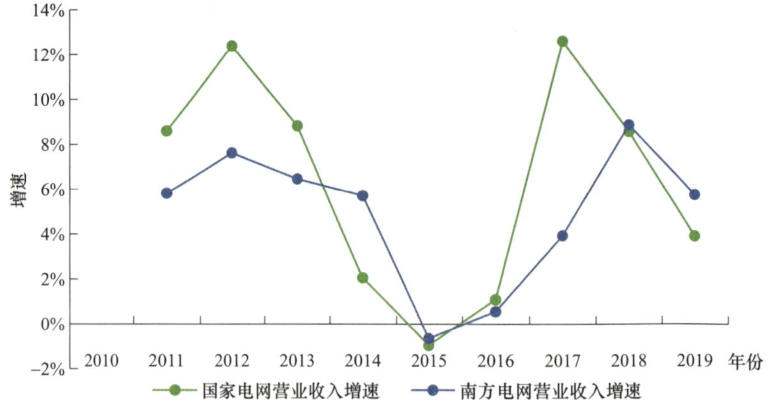

图 7 - 14　2010—2019 年国家电网和南方电网营业务收入增速发展情况

7.3.3 利润总额与净资产收益率

2019 年国家电网和南方电网利润总额合计 950 亿元，同比增长 0.4%，其

中国家电网降低1%，主要受到了国家一般工商业下降10%等政策的影响。2017年之前，国家电网和南方电网利润总额总体呈持续增长趋势，近两年相对呈下降趋势。2010—2019年国家电网和南方电网利润总额发展情况如图7-15所示。

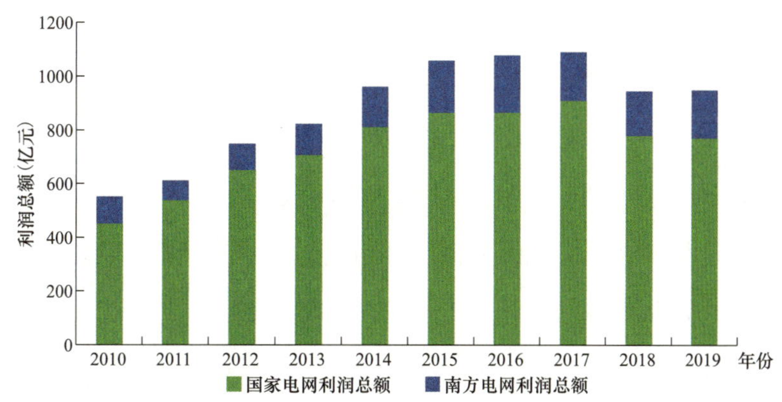

图7-15　2010—2019年国家电网和南方电网利润总额

2019年南方电网净资产收益率3.7%，高于国家电网净资产收益率3.2%约0.5个百分点。从近10年发展来看，南方电网净资产收益率在2014年开始超过国家电网，两者差距近两年开始逐渐减小。随着输配电价改革不断深入推进，电网行业净资产收益率整体呈持续下降趋势。2010—2019年国家电网和南方电网净资产收益率情况见图7-16。

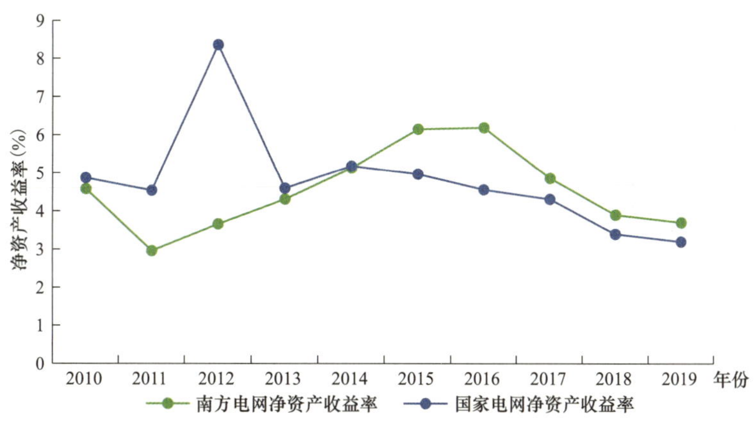

图7-16　2010—2019年国家电网和南方电网净资产收益率

7.4 电网发展趋势

（1）投资趋势。未来三年，电网投资将在当前较高水平的基础上略有降低。主要原因如下：①受精准脱贫攻坚的深入推进，以及国家区域发展战略的逐步实施，电网政策性投资需求旺盛；②受到全球疫情冲击，电网企业相继出台一系列重要举措，全力稳投资；③受到 2018 年和 2019 年连续两年电价下降 10%、电网企业成本监审趋严趋紧、售电量增速下降等因素影响，电网企业盈利水平不断下降，投资能力也受到一定限制；④国家发展改革委第二监管周期核价征求意见的投资规模，普遍低于近年来电网实际投资水平，电网企业管制业务投资规模难以得到政策保障。预计 2020 年电网投资持平或略高于上年电网投资，2021 年输配电价核价等政策影响开始显现，电网投资将略有下降。

（2）供应形势。未来三年，电网供电能力总体呈现持续增强趋势。主要原因如下：①电网企业承担满足人民美好生活用电需求的社会责任，不断提高智能电网建设水平，持续完善网架架构，不断加强农网建设；②电网供电可靠率、售电量等供应能力近年来持续增强，平均线损率已降低至 5.9%的历史最低水平。

（3）盈利状况。未来三年，电网盈利状况总体将保持当前较低的盈利水平。主要原因如下：①2018 年和 2019 年电价连续下调 10%，2020 年继续下调 5%，政策性降低电价进一步挤压输配电价空间；②经济增速放缓，售电量增速下降已经成为新形势下的主要趋势，受疫情影响 2020 年售电量增速降低尤其明显；③市场化售电与增量配电试点等改革不断推进分享市场。综合分析，预计 2020 年主要电网企业净资产收益率与上年相比下降明显，2021 年仍将略有下降。

（4）综合展望。未来三年电网投资将在保持当前较高水平前提下，呈略

有降低趋势，2020 年电网投资持平或略高于上年电网投资，2021 年电网投资略有下降；电网供电能力持续增强，电网企业盈利状况总体将保持当前较低的盈利水平，2020 年主要电网企业净资产收益率下降明显，2021 年仍将略有下降。

第 8 章

电 价 分 析

8.1　上网电价

8.1.1　煤电上网电价

2019 年全国煤电上网标杆电价（含脱硫、脱硝、除尘电价）平均为0.375 2元/kWh，延续了 2018 年的价格水平，分省份、分区域情况如图 8-1 和图 8-2 所示。

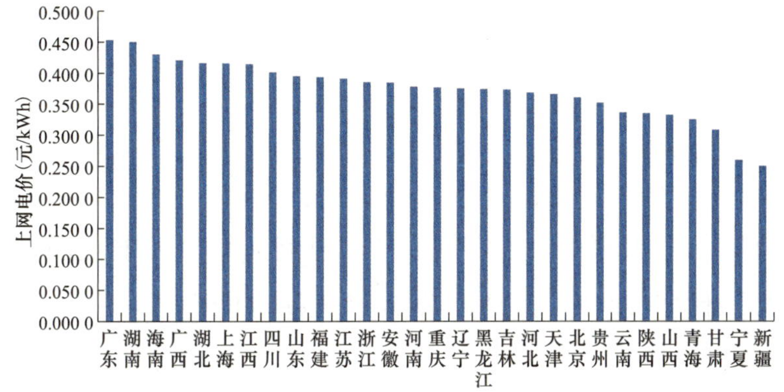

图 8-1　2019 年煤电标杆上网电价（分省份）

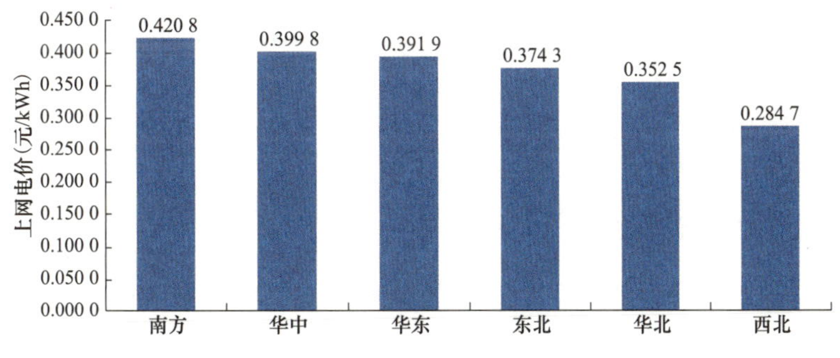

图 8-2　2019 年煤电标杆上网电价（分区域）

分省份来看，最高为广东 0.453 0 元/kWh，最低为新疆 0.250 0 元/kWh，前者为后者的 1.8 倍，分区域来看，最高为南方区域 0.420 8 元/kWh，最低为西北区域 0.284 7 元/kWh，前者为后者的 1.5 倍。在部分区域内部，省份间价格存在分化，如南方区域的广东、海南、广西煤电标杆上网电价在全国排名分别为第一、第三、第四，而同属南方区域的贵州、云南在全国排名倒数第八、第七，主要原因是南方区域东部省份电煤价格较高，贵州、云南电煤价格较低。

2019年10月，国家发改委发布《关于深化燃煤发电上网电价形成机制改革的指导意见》，提出将现行燃煤发电标杆上网电价机制改为“基准价＋上下浮动”的市场化价格机制，标志着实行了十六年之久的“标杆电价＋煤电联动”机制退出历史的舞台。基准价按当地现行燃煤发电标杆上网电价确定，原则上上浮不超过10％、下浮不超过15％。

8.1.2 气电上网电价

2014年12月，国家发改委发布《关于规范天然气发电上网电价管理有关问题的通知》，对热电联产、调峰、分布式三种不同类型的天然气发电机组实行差别化上网电价政策；同时，对天然气发电价格管理实行省级负责制，各地天然气发电上网电价具体管理办法由省级政府价格主管部门综合考虑天然气发电成本、社会效益和用户承受能力确定。由于各地区经济发展、资源禀赋的差异，以及天然气成本高、对外依存度大等条件限制，目前全国只有12个省（直辖市）拥有天然气发电机组，并出台了配套电价政策。其中，除了最早执行两部制电价的上海（2012年）、浙江（2015年）以外，江苏（2018年）、河南（2019年）也陆续开始执行两部制电价。

2019年全国天然气发电上网电价平均为0.685 3元/kWh，较2018年略有下降，最高为江苏0.772 0元/kWh，最低为河南0.600 0元/kWh，如图8-3所示。

从天然气发电上网电价水平排序可以看出，上海、江苏、湖北电价水平处于全国前三，且江苏、上海均是执行两部制电价的区域，北京、湖南、河南电价水平处于全国倒数前三。

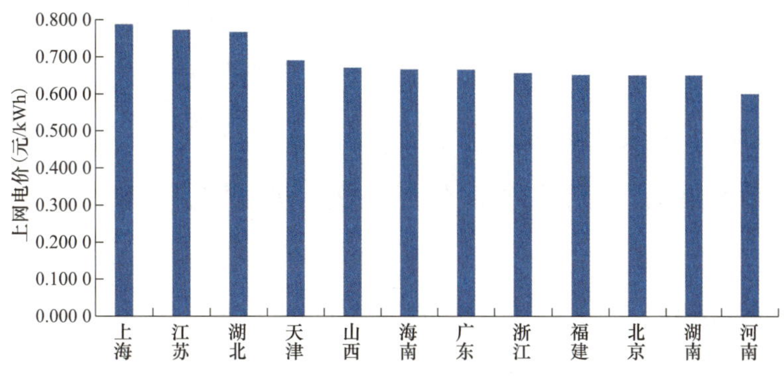

图 8 - 3　2019 年天然气发电上网电价

注：1. 上海、浙江、江苏、河南执行两部制电价，图中展示的为电量电价。

2. 热电联产、调峰、分布式等多种价格类型并存时，取最高价格。

与 2018 年相比，2019 年大多数地区天然气发电上网电价维持不变，部分地区做出小幅调整或临时调整。上海下调了调峰、热电联产的容量电价和电量电价，上调了分布式发电的电量电价。浙江省按一年两季确定省级天然气门站价格，并随之两次调整天然气发电上网电价，其中 4 月下调，11 月上调。江苏省对 1—3 月、11—12 月的调峰、热电联产和分布式的电量电价均做了临时性上调。

8.1.3　水电上网电价

我国的水电上网电价呈现三种模式：经营期电价、省内执行的标杆电价，及受电区倒推电价。2014 年 2 月 1 日以前投产的水电站，采用经营期电价；对于 2 月 1 日以后新投产的水电站，跨省跨区域交易价格由供需双方协商确定，省内上网电价实行标杆电价制度；2015 年 5 月，推出了由受电区燃煤发电标杆上网电价和输电价格（含线损）倒推确定水电上网电价的机制，向家坝、溪洛渡和雅砻江梯级水电站为首批适用倒推电价机制的水电站。

水电装机容量大、水电价格政策具有典型意义的省份包括云南、四川和湖北，其 2019 年水电平均上网电价分别为 0.267 4、0.337 3、0.368 8 元/kWh。

同 2018 年相比，各地区的水电上网电价经历了一定幅度的下调，降价空间主要来自税费调整。国家发改委分别于 2019 年 3、5 月发布《关于电网企业增值税税率调整相应降低一般工商业电价的通知》《关于降低一般工商业电价的通知》，要求增值税税率下调 3 个百分点，重大水利工程建设基金征收标准降低 50%。

（1）云南省水电上网电价。云南省水电标杆上网电价如表 8-1 所示。

表 8-1　　云南省水电标杆上网电价　　单位：元/kWh

水电站	水电上网电价	煤电标杆上网电价	差异值
鲁地拉水电站	0.302 3	0.335 8	0.033 5
金安桥等 3 个水电站	0.279 4		0.056 4
龙江等 11 个水电站	0.260 8		0.075 0
其余中小水电站	0.227 0		0.108 8

注：差异值 = 煤电电价 - 水电电价。

云南省并未制定全省统一的水电标杆上网电价，而是依据水电站规模、流域梯度等因素分类制定电价，最高为 0.302 3 元/kWh，最低为 0.227 0 元/kWh，平均电价比 2018 年下降 0.011 5 元/kWh。水电价格平均比煤电价格低 20.4%，这一价差幅度比四川、湖北等水电大省分别高出 4.5、8.4 个百分点。

（2）四川省水电上网电价。四川省水电标杆上网电价如表 8-2 所示。

表 8-2　　四川省水电标杆上网电价　　单位：元/kWh

调节能力	水电标杆上网电价	煤电标杆上网电价	差异值
年调节和多年调节	0.376 6	0.401 2	0.024 6
季调节	0.338 0		0.063 2
径流式	0.297 4		0.103 8

注：差异值 = 煤电电价 - 水电电价。

四川省水电标杆上网电价依据调节能力分类制定，调节能力越高的水电站电价越高，最高为 0.376 6 元/kWh，最低为 0.297 4 元/kWh，相邻调节能力等级水电站电价相差约 0.04 元/kWh，平均电价比 2018 年下降 0.051 9 元/kWh。

水电价格平均比煤电价格低 15.9%。

(3) 湖北省水电上网电价。湖北省水电标杆上网电价如表 8-3 所示。

表 8-3　　**湖北省水电标杆上网电价**　　单位：元/kWh

水电站	上网电价	煤电标杆上网电价	差异值
高坝洲等 2 个水电站	0.400 3	0.416 1	0.015 8
龙背湾	0.396 0		0.020 1
水布垭等 2 个水电站	0.381 5		0.034 6
鄂坪	0.373 8		0.042 3
崔家营等 6 个水电站	0.367 0		0.049 1
寺坪等 2 个水电站	0.354 5		0.061 6
陡岭子等 3 个水电站	0.347 7		0.068 4
纳吉滩	0.329 3		0.086 8
3 千～5 万 kW 水电站	0.370 0		0.046 1
3 千 kW 以下水电站	0.340 0		0.076 1

注：差异值 = 煤电电价 - 水电电价。

同云南省类似，湖北省并未制定全省统一的水电标杆上网电价，而是根据装机容量等因素分类制定电价，最高为 0.400 3 元/kWh，最低为 0.329 3 元/kWh，平均电价比 2018 年下降 0.056 4 元/kWh。水电价格平均比煤电价格低 12.0%。

8.1.4　核电上网电价

2019 年底全国共有在运 47 台核电机组，平均上网电价 0.410 0 元/kWh，分机组情况如图 8-4 所示。

从分机组来看，各核电机组上网电价基本上分布在 0.42 元/kWh 的标杆电价上下；秦山第三核电站机组最高，为 0.448 1 元/kWh；福清、宁德核电站机组最低，为 0.359 0 元/kWh。

按照国家发改委《关于完善核电上网电价机制有关问题的通知》（发改价格〔2013〕1130 号）规定，核电价格一般不高于当地煤电标杆电价。目前全国

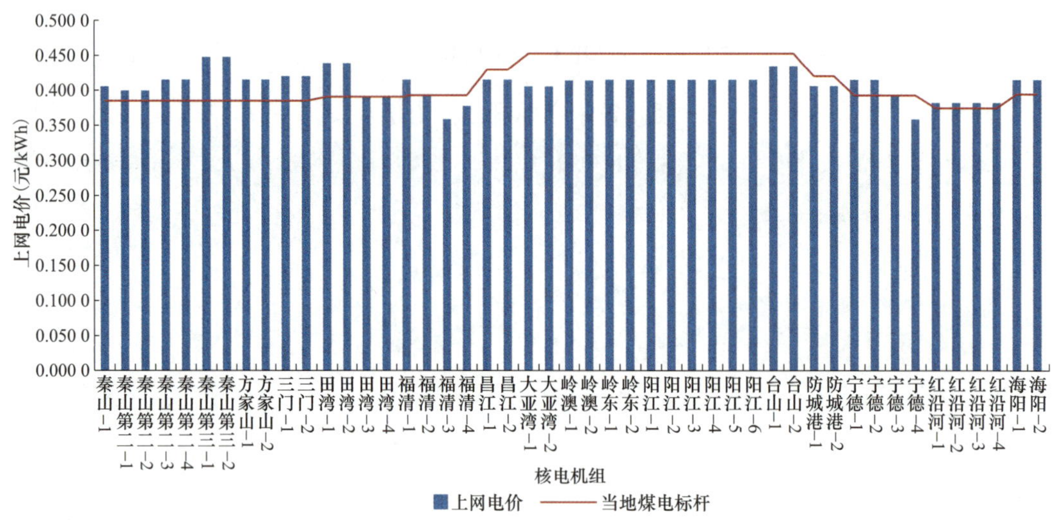

图 8-4　2019 年核电上网电价（分机组）、当地煤电标杆上网电价

47 台在运核电机组中，有 22 台机组上网电价高于当地煤电标杆电价。对于 2013 年以前投运的 15 台机组，其核定的上网电价均不高于当地 2013 年煤电价格；随着煤电价格不断降低，而核电价格长期未做调整，至 2019 年，这 15 台核电机组的上网电价已经普遍高于当地煤电价格。对于 2013 年以后投运的 32 台机组，由于支持技术引进、自主创新等因素，其中 12 台机组的上网电价在投运当年就高于当地煤电价格。如图 8-5 和图 8-6 所示。

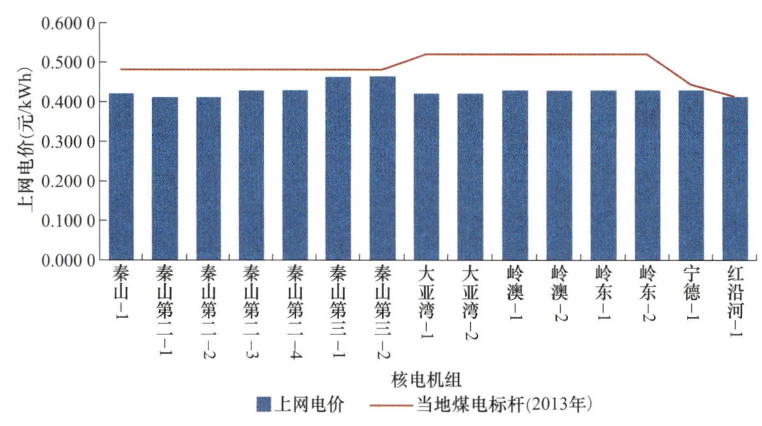

图 8-5　核电上网电价（2013 年底前投运）、当地煤电标杆电价（2013 年）

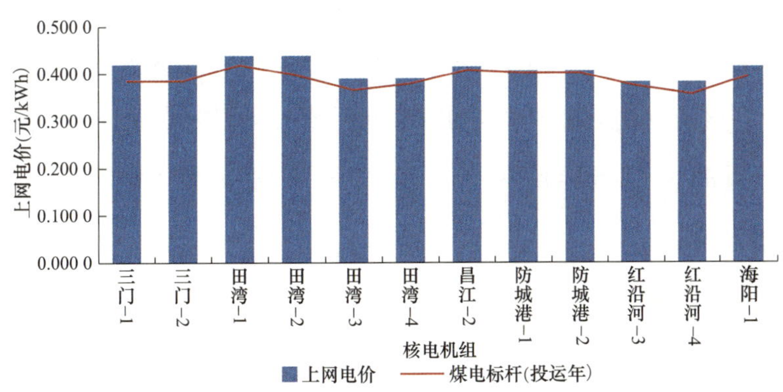

图 8-6　核电上网电价（2013 年底后投运）、当地煤电标杆电价（投运当年）

从分省份情况来看，最高为浙江 0.418 5 元/kWh，最低为辽宁 0.382 3 元/kWh。浙江、山东、江苏、辽宁等省份核电价格高于煤电，价差最大为浙江 0.033 2 元/kWh，价差最小为辽宁 0.007 4 元/kWh；其余省份核电价格低于煤电，其中价差最大为广东 0.036 4 元/kWh，价差最小为福建 0.002 6 元/kWh。如图 8-7 所示。

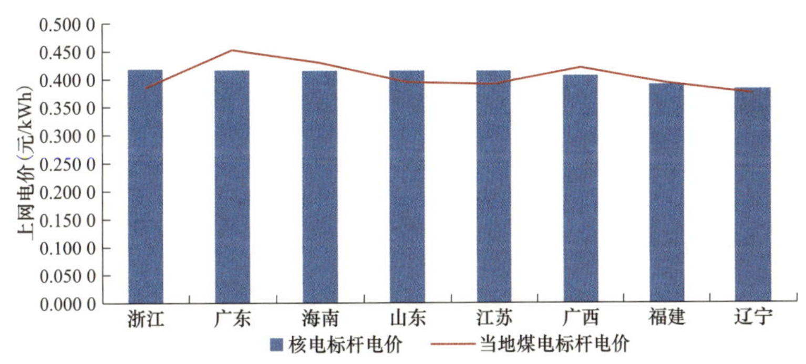

图 8-7　2019 年核电标杆上网电价及当地煤电标杆上网电价（分省份）

8.1.5　风电上网电价

2019 年 5 月，国家发改委发布《关于完善风电上网电价政策的通知》（发改价格〔2019〕882 号），通知规定将风电标杆上网电价改为指导价，新核准的集中式陆上风电和海上风电项目上网电价全部通过竞争方式确定，且不得高于指导价。陆上风电分四类资源区制定，最高为 0.52 元/kWh，最低为 0.34 元/kWh，最低的Ⅰ类资源区陆上风电指导价已经低于煤炭标杆上网电价平均值；海上风电中，近海风电指导价为 0.8 元/kWh，潮间带风电不得高于所在资源区陆上风电指导价格。

2014—2019 年陆上风电上网电价经历了不断下调的过程，如图 8-8 所示。

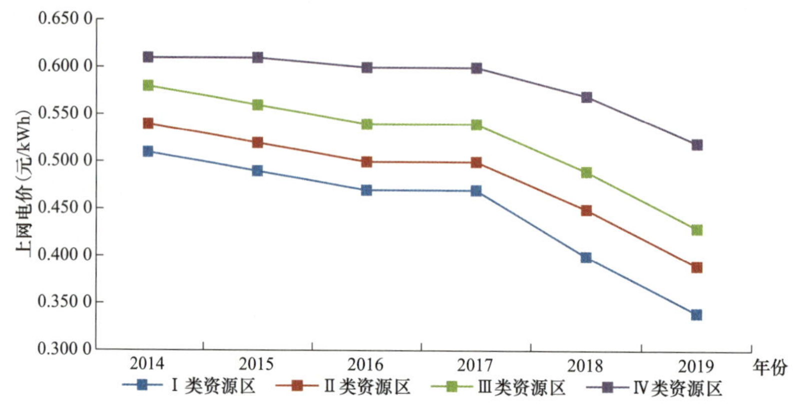

图 8-8　2014—2019 年陆上风电标杆上网电价/指导价

以Ⅰ类资源区为例，上网电价从 2014 年的 0.51 元/kWh 下降至 2019 年的 0.34 元/kWh，降幅达到 33.3%。

8.1.6　光伏发电上网电价

2019 年 4 月，国家发改委发布《关于完善光伏发电上网电价机制有关问题的通知》（发改价格〔2019〕761 号），将光伏发电标杆上网电价改为指导价，新增集中式光伏电站上网电价通过市场竞争方式确定，且不得高于所在资源区指导价。指导价分三类资源区制定，最高为 0.550 0 元/kWh，最低为 0.400 0 元/kWh，最低的Ⅰ类资源区光伏发电指导价已经低于南方区域的煤电标杆电价。

2014—2019 年光伏上网电价总体呈下降趋势，如图 8-9 所示。

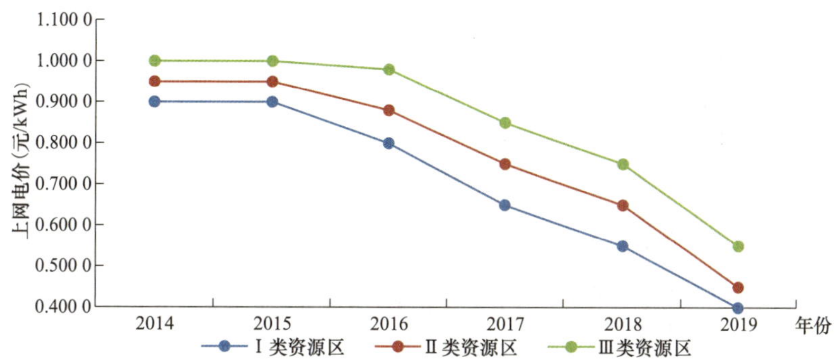

图8-9 2014—2019年光伏标杆上网电价/指导价

以Ⅰ类资源区为例，上网电价从2014年的0.9元/kWh下降至2019年的0.4元/kWh，降幅达到55.6%。

8.2 输配电价

8.2.1 大工业输配电价

2019年大工业输配电价（不含基本电价）水平如图8-10～图8-12所示。

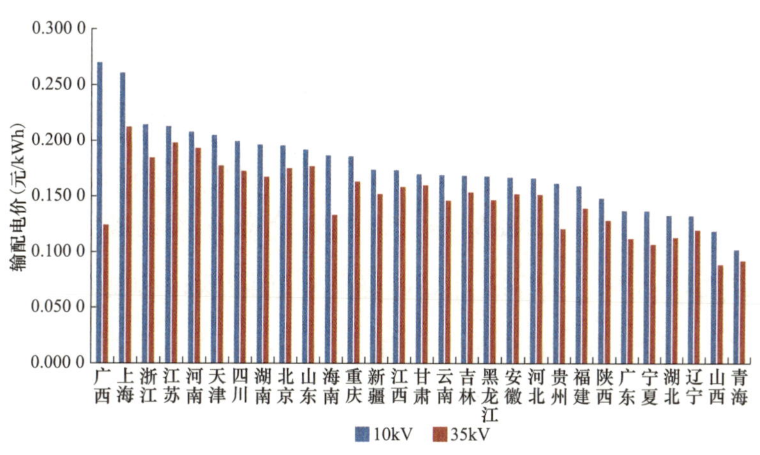

图8-10 2019年10、35kV大工业输配电价水平（分省份）

分省份来看，10kV电压等级输配电价广西最高，青海最低；35kV上海最

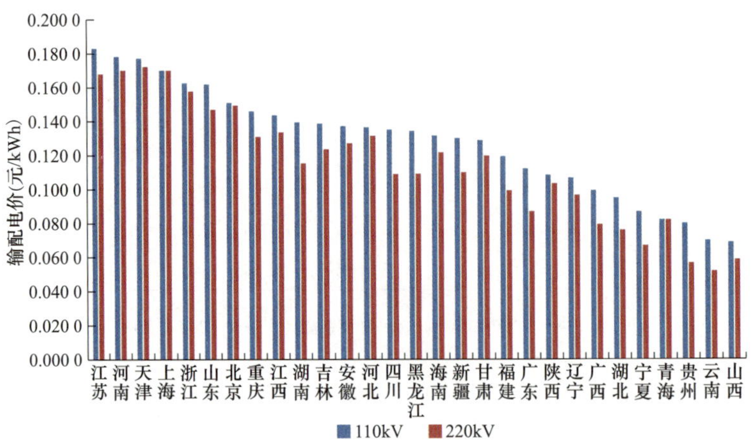

图8-11　2019年110、220kV大工业输配电价水平（分省份）

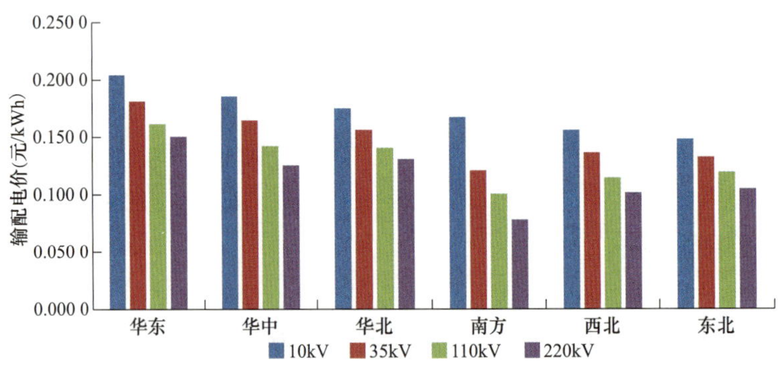

图8-12　2019年大工业输配电价水平（分区域）

高，山西最低；110kV江苏最高，山西最低；220kV天津最高，云南最低。分区域来看，华东区域各电压等级输配电价均为最高，10kV电压等级输配电价东北区域最低，35、110、220kV等级输配电价南方区域最低。分电压等级输配电价价差方面，随着电压等级升高，输配电价降低；相邻电压等级输配电价一般相差10%～20%，南方区域平均相差29%，显著高于其他区域水平。

2019年多个省份对大工业输配电价进行了调整，河北、河南、上海、安徽、宁夏、贵州、海南七地下调了大工业输配电价，下降幅度为0.003～0.028元/kWh不等；山东、福建两地上调了大工业输配电价，上调幅度分别为0.003 2元/kWh和0.013 8元/kWh。

广西、云南、贵州等地区为降低当地高耗能企业用电成本，压低高电压等级输配电价，造成南方区域输配电价价差过大，如表 8-4 所示。

表 8-4　广西、云南、贵州大工业输配电价水平　单位：元/kWh

地区/项目	10kV	35kV	110kV	220kV
广西	0.270 2	0.124 3	0.099 3	0.079 3
云南	0.169 2	0.146 2	0.070 0	0.052 0
贵州	0.161 7	0.120 8	0.079 9	0.056 7
广西价差	—	-54.0%	-20.1%	-20.1%
云南价差	—	-13.6%	-52.1%	-25.7%
贵州价差	—	-25.3%	-33.9%	-29.0%

广西 35kV 大工业输配电价比 10kV 低 54.0%，云南 110kV 大工业输配电价比 35kV 低 52.1%，贵州 110kV 大工业输配电价比 35kV 低 33.9%。以上相邻电压等级价差幅度均远高于全国平均水平，造成南方区域分电压等级输配电价平均价差高于其他区域 10～20 个百分点。过高的价差不仅无法合理反映输配电成本，也对低电压等级用户产生了不公平的用电成本。

8.2.2　一般工商业输配电价

2019 年一般工商业输配电价水平如图 8-13 和图 8-14 所示。

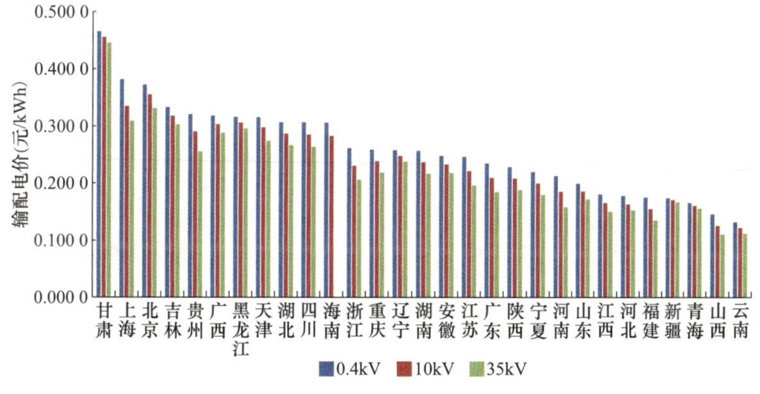

图 8-13　2019 年一般工商业输配电价水平（分省份）

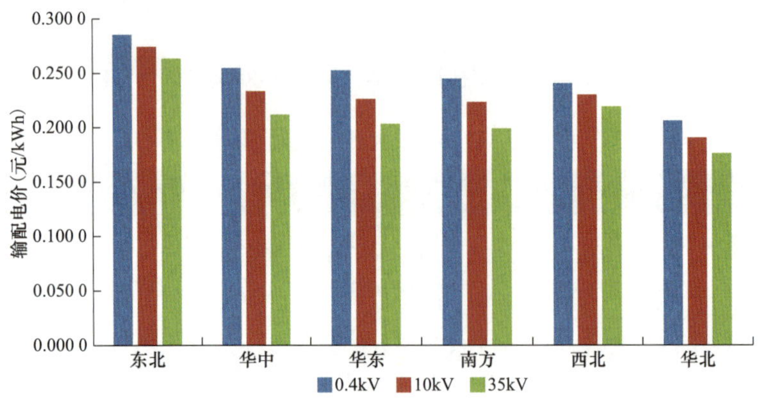

图 8－14　2019 年一般工商业输配电价水平（分区域）

分省份来看，各电压等级输配电价均是甘肃最高，0.4、10kV 电压等级输配电价云南最低，35kV 山西最低。分区域来看，各电压等级输配电价均为东北区域最高，华北区域最低。分电压等级输配电价价差方面，随着电压等级升高，输配电价降低；东北区域和西北区域相邻电压等级输配电价一般相差4%～5%，华北、华东、华中、南方区域平均相差 8%～12%，显著高于东北区域和西北区域。

为实现一般工商业电价再降 10%的目标，2019 年除甘肃以外的所有省份都对一般工商业输配电价进行了不同程度的下调，平均降价幅度如图 8－15 和图 8－16所示。

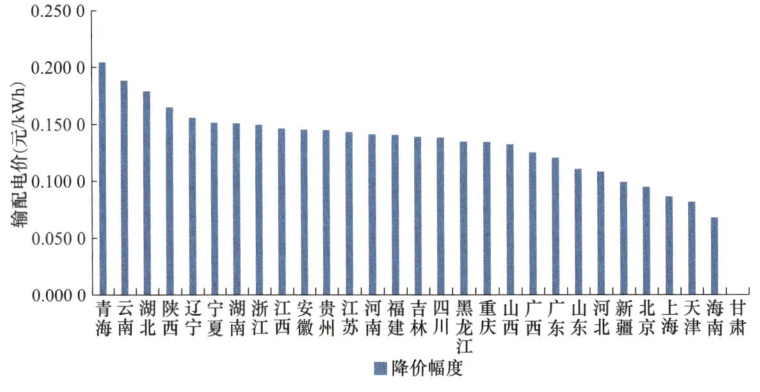

图 8－15　2019 年一般工商业输配电价降价幅度（分省份）

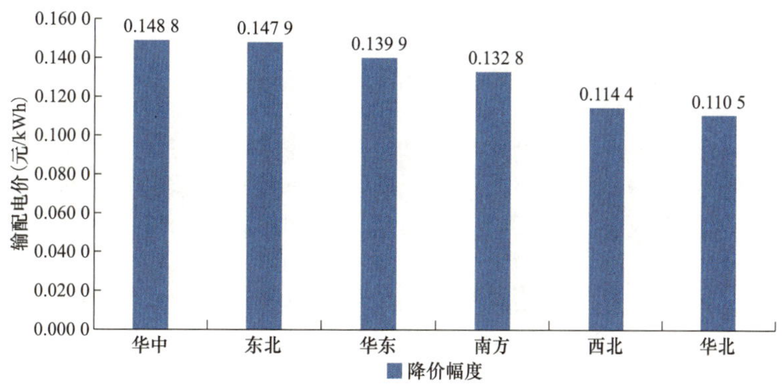

图 8-16 2019 年一般工商业输配电价降价幅度（分区域）

分省份来看，一般工商业输配电价平均降价幅度最大为青海 0.204 7 元/kWh；除甘肃以外，最小为海南 0.068 2 元/kWh。分区域来看，一般工商业输配电价平均降价幅度最大为华中区域 0.148 8 元/kWh，最小为华北区域 0.110 5元/kWh。

8.3 销售电价

8.3.1 一般工商业销售电价

2019 年一般工商业销售电价水平如图 8-17 和图 8-18 所示。

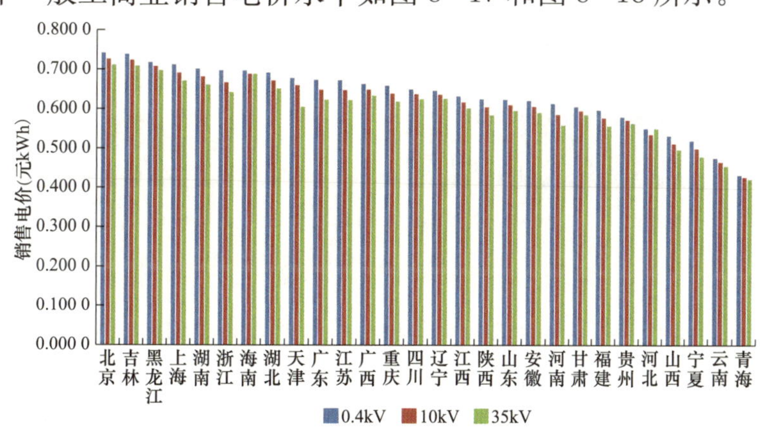

图 8-17 2019 年一般工商业销售电价水平（分省份）

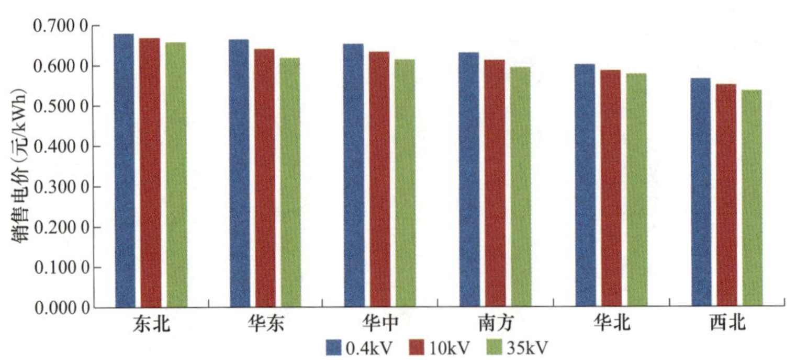

图 8 - 18　2019 年一般工商业销售电价水平（分区域）

分省份来看，各电压等级销售电价均是北京最高，青海最低。分区域来看，各电压等级销售电价均是东北区域最高，西北区域最低。分电压等级销售电价价差方面，随着电压等级升高，销售电价略微降低，相邻电压等级销售电价相差 1.5%～3.8%。

2019 年政府工作报告提出一般工商业平均电价再降 10%。为落实这一要求，国家发改委分别于 3、5 月发布了两批降价措施，各地平均降价幅度对比如图 8 - 19 和图 8 - 20 所示。

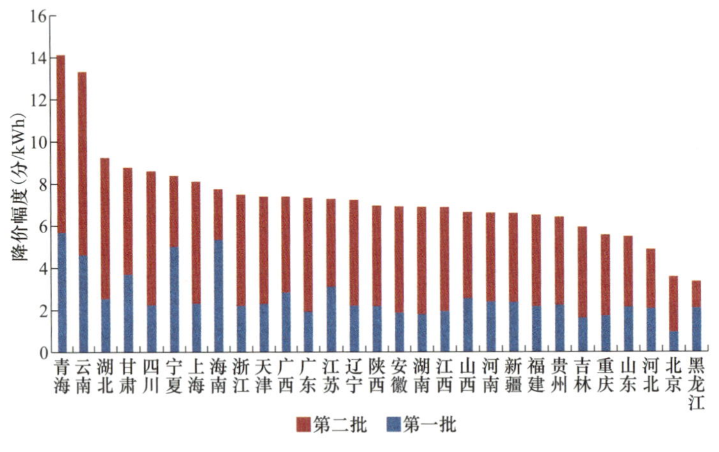

图 8 - 19　2019 年一般工商业电价两轮降价幅度对比（分省份）

总体来看，第二批降价措施形成的降价幅度大于第一批。分省份来看，降价幅度最大的是青海 14.12 分/kWh，其次是云南 13.3 分/kWh；其余省份均未

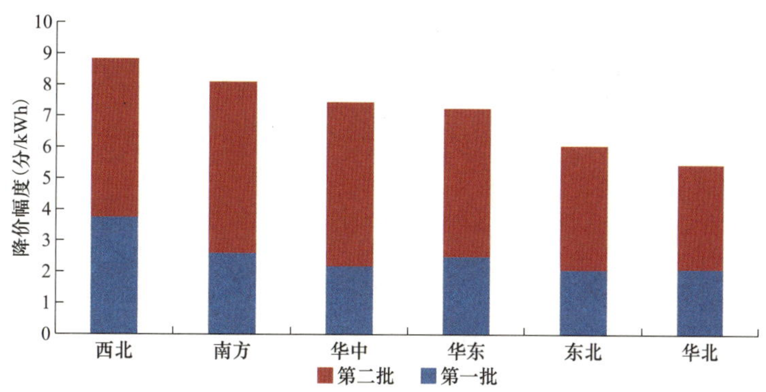

图 8-20　2019 年一般工商业电价两轮降价幅度对比（分区域）

超过 10 分/kWh，降价幅度最小的是黑龙江 3.34 分/kWh。分区域来看，降价幅度最大为西北地区 8.834 分/kWh，降价幅度最小为华北区域 5.448 分/kWh。

2018、2019 年各电压等级一般工商业销售电价水平对比如表 8-5 所示。

表 8-5　　2018、2019 年各电压等级一般工商业销售电价水平　单位：元/kWh

区域	0.4kV（2018 年）	0.4kV（2019 年）	变动幅度（%）
东北	0.740 0	0.679 4	-8.18
西北	0.644 1	0.565 5	-12.21
华北	0.660 0	0.601 4	-8.88
华东	0.735 1	0.664 5	-9.61
华中	0.726 5	0.652 6	-10.17
南方	0.707 8	0.630 7	-10.90
区域	**10kV（2018 年）**	**10kV（2019 年）**	**变动幅度（%）**
东北	0.729 1	0.668 5	-8.31
西北	0.629 2	0.550 4	-12.52
华北	0.644 0	0.586 0	-9.01
华东	0.713 4	0.640 3	-10.25
华中	0.705 5	0.632 9	-10.29
南方	0.689 2	0.612 1	-11.19
区域	**35kV（2018 年）**	**35kV（2019 年）**	**变动幅度（%）**
东北	0.718 1	0.657 6	-8.43
西北	0.614 4	0.535 4	-12.85

续表

区域	35kV（2018 年）	35kV（2019 年）	变动幅度（%）
华北	0.627 9	0.577 1	－8.08
华东	0.693 8	0.617 9	－10.93
华中	0.684 7	0.613 3	－10.42
南方	0.670 4	0.593 7	－11.43

各电压等级一般工商业电价均有不同程度下调，平均下调幅度为 10%。分区域来看，西北区域各电压等级一般工商业销售电价下调幅度最高，达到 12%～13%；东北区域 0.4kV 和 10kV 电压等级一般工商业电价下调幅度最低，在 8%左右；华北区域 35kV 一般工商业电价下调幅度最低，为 8.08%。

8.3.2 居民销售电价

2019 年居民销售电价平均为 0.513 3 元/kWh，维持了 2018 年的价格水平，如图 8－21 和图 8－22 所示。

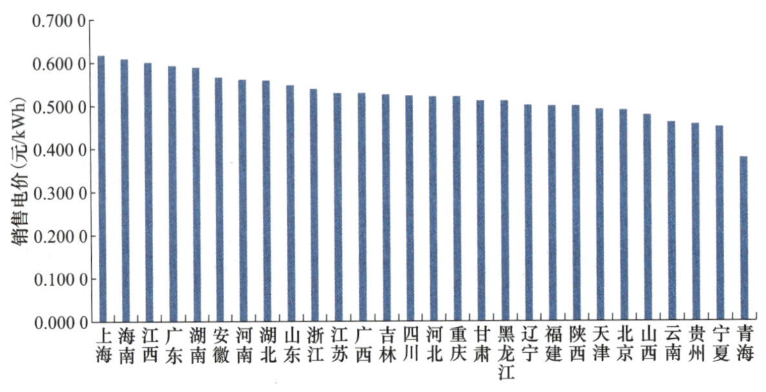

图 8－21　2019 年居民销售电价水平（分省份）

分省份看，最高为上海 0.617 0 元/kWh，最低为青海 0.377 1 元/kWh，二者相差 63.6%。分区域看，最高为华中区域 0.557 2 元/kWh，最低为西北区域 0.472 0 元/kWh，二者相差 18.1%。总体来看，居民销售电价远低于大工业、一般工商业销售电价。

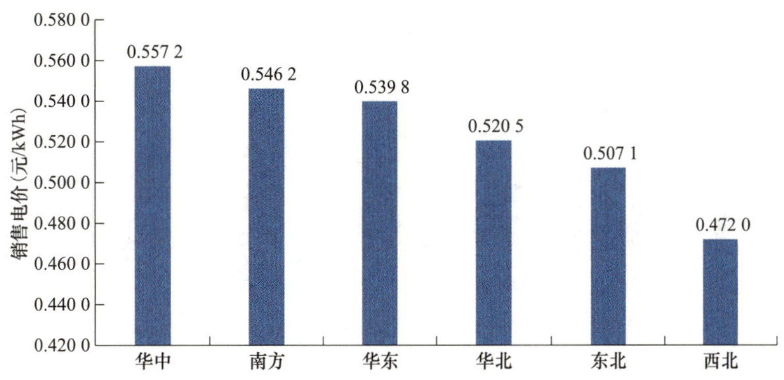

图 8-22　2019 年居民销售电价水平（分区域）

8.4　电力市场化交易

8.4.1　市场化交易电量

2019 年，全国市场化交易电量达到 2.83 万亿 kWh，同比增长 37.2%，全社会用电量市场化率达到 39.2%，较 2018 年提高 9 个百分点。其中，省内市场化交易电量合计 2.30 万亿 kWh，省间（含跨区）市场交易电量合计 0.53 万亿 kWh。

2016—2019 年全社会电力市场化交易情况如图 8-23 所示。

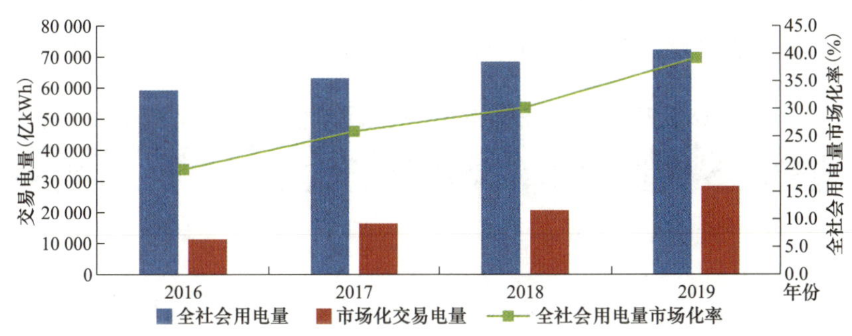

图 8-23　2016—2019 年全社会电力市场化交易情况

2019 年，全国电力市场中长期直接交易电量合计 2.18 万亿 kWh，占全社会用电量比重为 30.1%。分省份电力市场中长期电力直接交易情况如图 8-24 所示。

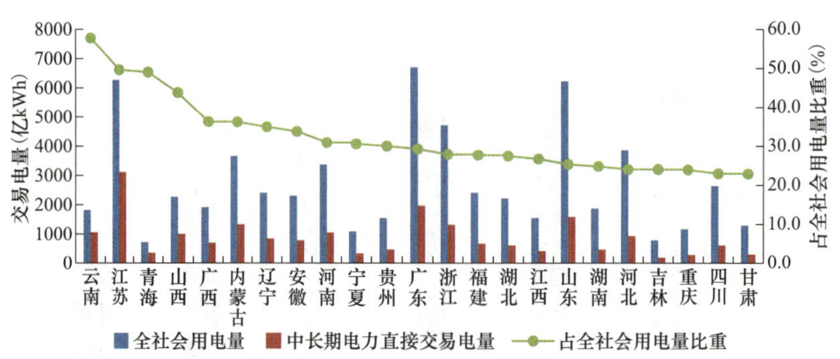

图8-24 2019年全国电力市场中长期电力直接交易情况（分省份）

分省份看，中长期电力直接交易电量占全社会用电量比重突破40%的省份包括云南、江苏、青海和山西，其中云南达到57.7%。

8.4.2 市场化交易电价

2015年电力体制改革以来，各地积极推进电力市场建设，电厂通过电力交易中心同用户开展年度、月度、日前等多种形式的电力交易，形成市场化电价。电力市场化交易开展较早、交易量较大的典型省份包括广东、云南、江苏、浙江等，其中仅广东、云南电力交易中心定期披露包含分类型电价信息的交易年报，具备定量分析条件。由于两地电源装机结构的影响，广东参与电力市场化交易的机组以煤电为主，而云南以水电为主。

广东市场化交易电价与煤电标杆上网电价的差异，如表8-6所示。

表8-6　2018、2019年广东煤电标杆上网电价和市场化电价　单位：元/kWh

项目	2018年	2019年
煤电标杆上网电价	0.441 0	0.441 0
平均市场化交易电价	0.375 5	0.399 0
其中：年度双边协商交易	0.362 8	0.395 9
年度集中竞争交易	0.381 3	0.402 3
月度集中竞争交易	0.400 8	0.410 5
平均降价幅度	-14.9%	-9.5%

注　广东电力交易中心以价差方式报价，表中换算为市场化交易电价。

2019 年煤电标杆上网电价没有调整，平均市场化交易电价为 0.399 0 元/kWh，同比上升 0.023 5 元/kWh。市场化交易电价与标杆电价的价差幅度由 14.9%降至 9.5%。

云南市场化交易电价与水电目录上网电价的差异，如表 8-7 所示。

表 8-7　2018、2019 年云南水电目录上网电价和市场化电价　单位：元/kWh

项目	2018 年	2019 年
水电目录上网电价	0.276 8	0.265 0
平均市场化交易电价	0.177 0	0.180 8
其中：水电	0.167 7	0.165 2
风电	0.222 6	0.227 0
光伏	0.220 4	0.224 5
平均降价幅度	-39.4%	-37.7%

注　云南水电目录上网电价为各水电站核定上网电价算术平均。

2019 年云南水电目录上网电价为 0.265 0 元/kWh，同比下降 0.011 8 元/kWh；水电市场化交易电价为 0.165 2 元/kWh，同比下降 0.002 5 元/kWh。市场化交易电价与目录电价的价差幅度由 39.4%降至 37.7%。

从广东、云南的情况来看，2019 年煤电、水电的市场化交易电价均低于标杆（目录）电价。

8.5　电价政策

（1）一般工商业电价降价。2019 年 3 月 5 日，李克强总理在《2019 年政府工作报告》中提出，要“深化电力市场化改革，清理电价附加收费，降低制造业用电成本，一般工商业平均电价再降低 10%”。具体降价政策分两批出台，如表 8-8 所示。

表 8 - 8　　国家发改委降低工商业电价相关文件及主要措施

序号	发布时间	文件名称	主要措施
1	3月	《关于电网企业增值税税率调整相应降低一般工商业电价的通知》（发改价格〔2019〕559 号）	电网企业增值税税率由 16%调整为 13%后，省级电网企业含税输配电价水平降低的空间全部用于降低一般工商业电价
2	5月	《关于降低一般工商业电价的通知》（发改价格〔2019〕842 号）	1. 重大水利工程建设基金征收标准降低 50%形成的降价空间。 2. 适当延长电网企业固定资产折旧年限，将电网企业固定资产平均折旧率降低 0.5 个百分点；增值税税率和固定资产平均折旧率降低后，重新核定的跨省跨区专项工程降价形成的降价空间在送电省、受电省之间按 1∶1 比例分配。 3. 因增值税税率降低到 13%，省内水电企业非市场化交易电量、跨省跨区外来水电和核电企业（三代核电机组除外）非市场化交易电量形成的降价空间。 以上降价空间，全部用于降低一般工商业电价。 4. 积极扩大一般工商业用户参与电力市场化交易的规模，通过市场机制进一步降低用电成本

通过政府税费减免、电网侧让利、市场化改革等多种举措，2019 年电力行业圆满完成了“一般工商业平均电价再降低 10%”的任务，为实体经济减轻用电成本约 900 亿元。

（2）新一轮输配电成本监审开启。2019 年 1 月，国家发展改革委发布《关于开展第二监管周期电网输配电定价成本监审的通知》，部署对全国除西藏以外的 34 个省级电网、5 个区域电网开展新一轮输配电成本监审。与首个监管周期相比，第二监管周期成本监审的内容更细，成本核减尺度更严。2019 年 5 月，国家发改委、国家能源局印发《输配电定价成本监审办法》（发改价格〔2019〕987 号），对 2015 年制定的《输配电价成本监审办法（试行）》（发改价格〔2015〕1347 号）进行了修订。相比原办法，新的成本监审办法进一步推进了监审工作规范化，细化了输配电定价成本分类，加强了对内部关联交易的

审查。

（3）煤电“基准+浮动”市场化价格机制出台。2019 年 10 月，国家发改委印发《关于深化燃煤发电上网电价形成机制改革的指导意见》（发改价格规〔2019〕1658 号），提出将现行燃煤发电标杆上网电价机制改为“基准价+上下浮动”的市场化价格机制，基准价按当地现行燃煤发电标杆上网电价确定，浮动幅度范围为上浮不超过 10%、下浮原则上不超过 15%。现执行标杆上网电价的燃煤发电电量，具备市场交易条件的，具体上网电价由发电企业、售电公司、电力用户等市场主体通过场外双边协商或场内集中竞价（含挂牌交易）等市场化方式在“基准价+上下浮动”范围内形成，并以年度合同等中长期合同为主确定；暂不具备市场交易条件或没有参与市场交易的工商业用户用电对应的电量，仍按基准价执行。

以上机制自 2020 年 1 月 1 日起正式实施，尚不具备条件的地方，可暂不浮动，按基准价执行；实施“基准价+上下浮动”价格机制的省份，2020 年暂不上浮，确保工商业平均电价只降不升。虽然这使得短期内煤电收入承压，但从长期来看，浮动价格机制可以在煤电成本下行时将让利空间传导至电力用户，也可以让电力用户与发电企业共同承担煤电成本上升的风险。市场化的煤电价格机制可以更及时地反映供求关系，有利于理顺上下游的价格传导，优化电力资源配置。

（4）风电、光伏发电补贴强度加速降低。2019 年 1 月，国家发改委、能源局印发《关于积极推进风电、光伏发电无补贴平价上网有关工作的通知》（发改能源〔2019〕19 号），要求各地区开展平价上网项目和低价上网试点项目建设。

2019 年 5 月，国家能源局印发《关于 2019 年风电、光伏发电项目建设有关事项的通知》（国能发新能〔2019〕49 号），提出优先推进平价上网项目建设。将上网电价作为重要竞争条件，优先建设补贴强度低、退坡力度大的项目；优先保障平价上网项目的电力送出和消纳。《2019 年风电项目建设工作方案》和《2019 年光伏发电项目建设工作方案》也随通知一起发布，提出需要国家补贴的新建风电、光伏发电项目全部采取竞争配置。

在国家补贴政策的扶持下，我国的风电、光伏发电实现了快速发展。从长远来看，补贴退坡有利于促进风电、光伏发电企业合理安排建设节奏，提高风电、光伏发电的市场竞争力。

（5）经营性用户发用电计划全面放开。2019 年 6 月，国家发展改革委、国家能源局印发《全面放开经营性电力用户发用电计划有关要求的通知》，要求全面放开经营性电力用户的发用电计划。根据规定，除居民、农业、重要公用事业和公益性服务等行业电力用户及电力生产供应所必需的厂用电和线损之外，其他电力用户均属于经营性电力用户。发用电计划是电力体制改革设计中“放开两头”的关键环节，在 2018 年“全面放开煤炭、钢铁、有色、建材四大行业用户发用电计划”的基础上，本次全面放开经营性电力用户的发用电计划，有利于提高电力交易市场化程度，标志改革取得关键进展。

（6）电力现货市场建设稳步开展。2019 年 8 月，国家发改委、能源局联合印发《关于深化电力现货市场建设试点工作的意见》（发改办能源规〔2019〕828 号），要求进一步深化电力市场化改革，遵循市场规律和电力系统运行规律，建立中长期交易为主、现货交易为补充的电力市场，完善市场化电力电量平衡机制和价格形成机制，促进形成清洁低碳、安全高效的能源体系。在政策的指导和监督下，山西、甘肃等 8 个试点电力现货市场均完成了试结算运行。

2019 年现货市场试点平稳推进，中长期交易为主、现货交易为补充的电力市场体系初具雏形。在试运行过程中也出现一些典型问题，如部分试点地区电力现货价格水平偏低、市场参与主体不全、电费结算产生亏空等，有待进一步探索解决。

（7）增量配电业务改革有待破局。2019 年，共有 132 个增量配电项目获得

电力业务许可证。2019 年 10 月，国家发改委、能源局联合印发《关于请报送第五批增量配电业务改革试点项目的通知》（发改办运行〔2019〕1004 号），正式启动第五批试点项目的申报工作。2016 年增量配电改革启动以来，改革试点基本实现地级市以上全覆盖。但是，不少地区仍存在试点推进缓慢、落地效果不佳等问题，矛盾主要集中在供电区域划分、存量资产处置、配网工程接入、配电价格核定、电力市场运行等方面，需要监管部门、电网企业和各投资方共同寻找解决方案。

8.6　电价发展趋势

（1）上网电价。未来三年，上网电价整体将呈小幅下降趋势，主要原因如下：①煤电标杆上网电价改为“基准＋浮动”的市场化价格机制，且煤电设备利用小时数偏低；②风电、光伏发电补贴退坡，增量项目上网电价通过竞争方式确定，指导价低于原标杆上网电价。预计 2020、2021 年上网电价均同比小幅下降。

（2）输配电价。未来三年，输配电价进入第二监管周期，价格水平将呈下降趋势，主要原因如下：①有效资产认定范围收窄，抽水蓄能电站、电储能设施等明确不计入有效资产；②投资精准性要求提升，未投入实际使用、未达到规划目标、擅自提高建设标准的输配电资产相关成本费用支出，不得计入准许成本；③折旧年限延长、新增运维费用的核定标准从严，导致准许成本降低。预计 2020 年输配电价同比下降；2021 年输配电价继续同比下降，降幅较 2020 年有所降低。

（3）销售电价。未来三年，销售电价整体将呈下降趋势，主要集中于大工业电价和一般工商业电价，主要原因如下：①2019 年底召开的中央经济工作会议再次提出“降低企业用电、用气、物流成本”，2020 年政府工作报告也提出全年降低工商业电价 5％的明确要求，在宏观经济增长放缓的压力下，电网企业主动降价让利实体经济，以贯彻国家战略和履行社会责任；②上网电价、输配电价的降低，将通过价格传导机制降低终端销售电价；③国家税费、附加基金收费降低，以及清理规范转供电收费等，也将降低用户实际负担的销售电价。预计 2020 年销售电价同比下降；2021 年销售电价继续同比下降，降幅较 2021 年有所降低。

（4）市场化交易。未来三年，市场化交易电量将呈上升趋势，市场化交易电价将呈小幅下降趋势，主要原因如下：①经营性电力用户发用电计划全面放开，用户参与电力市场化交易门槛降低；②电力市场化交易改革处于红利释放期，煤电、水电等主要电源的市场化交易电价普遍低于目录电价；③气电、核电、风电、光伏发电等高价电源大多由电网企业保障收购，开展市场化交易的主要为水电等低价电源。预计 2020、2021 年市场化交易电量均同比上升，市场化交易电价稳中有降。

（5）综合展望。未来三年，各环节电力价格稳步下降。销售电价降价主要集中于大工业电价和一般工商业电价。输配电价下降幅度大于上网电价，向实体经济让利主要由电网企业承担。电力市场化交易电量稳步上升，市场化交易电价稳中有降。

第 9 章

重点电力企业经营状况分析

对重点电力企业经营状况的分析有助于通过企业展现我国电力行业整体的经营状况和发展态势。本报告选取了我国电力行业中部分具有代表性的中国华能集团有限公司、华润电力投资有限公司及广东省能源集团有限公司等 9 家发电企业进行具体分析。国家电网和南方电网两大电网公司在第 7 章已进行了详细分析，本章不再重复。

9.1 分析思路及指标简介

本报告选取中国华能集团有限公司（简称“华能集团”）、中国华电集团有限公司（简称“华电集团”）、中国大唐集团有限公司（简称“大唐集团”）、国家电力投资集团有限公司（简称“国家电投”）、国家能源投资集团有限责任公司（简称“国家能源集团”）等五大发电集团和中国长江三峡集团有限公司（简称“三峡集团”）、华润电力投资有限公司（简称“华润电力”）及地方发电龙头企业广东省能源集团有限公司（简称“广东省能源集团”）、浙江省能源集团有限公司（简称“浙江省能源集团”）进行分析，包括央企和地方性发电企业。上述 9 家发电企业 2019 年发电量共计 40 880 亿 kWh，占全国全口径发电量的 55.8%，在我国发电行业具有代表性。

本报告将主要从企业的电力生产状况和财务经营状况两方面对各个电力企业进行综合分析。在电力生产状况部分，将着重对企业的装机容量、电源结构等情况进行分析。在财务状况分析部分，将从盈利能力、偿债能力、营运能力三个方面，选取关键的财务指标对企业的财务状况进行刻画。主要指标如表 9－1 所示。在评价企业的财务经营状况时，参考了国资委 2019 年《企业绩效评价标准值》中的相应指标评价标准值。

表 9-1　　企业经营状况指标

一级维度	二级维度	具体指标
电力生产状况分析		营业收入、发电量、装机容量、非化石能源装机占比、综合供电煤耗、机组平均利用小时数
财务经营状况分析	盈利能力	资产总额、所有者权益、营业总收入、净利润率、净资产收益率
	偿债能力	资产负债率、流动比率、速动比率
	营运能力	总资产周转率、固定资产周转率、流动资产周转率和应收账款周转率

9.2　电力生产状况分析

2019 年，9 家发电企业的装机容量均同比增长，其中华润电力、国家电投、三峡集团装机容量同比增速较快，分别为 8.0%、7.6%和 6.6%。近四年，大部分重点电力企业的装机容量逐年增长，其中国家电投总增幅最高，2019 年装机容量较 2016 年增长 29.4%。重点电力企业装机容量情况如图 9-1 所示。

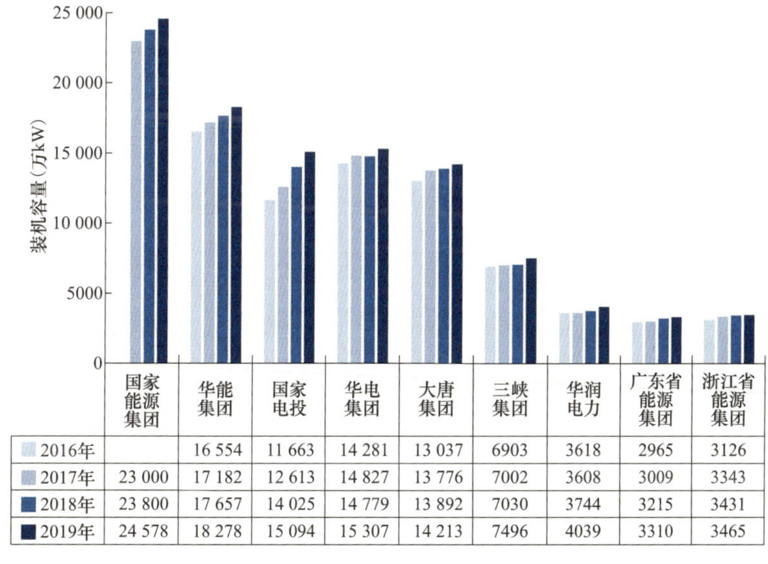

	国家能源集团	华能集团	国家电投	华电集团	大唐集团	三峡集团	华润电力	广东省能源集团	浙江省能源集团
2016年		16 554	11 663	14 281	13 037	6903	3618	2965	3126
2017年	23 000	17 182	12 613	14 827	13 776	7002	3608	3009	3343
2018年	23 800	17 657	14 025	14 779	13 892	7030	3744	3215	3431
2019年	24 578	18 278	15 094	15 307	14 213	7496	4039	3310	3465

图 9-1　重点电力企业装机容量

注：1. 国家能源集团 2017 年合并成立，故 2016 年数据空缺。

2. 浙江能源集团数据取其 2019 年 9 月公布数据。

除三峡集团是水电为主的发电企业外，选取的其他重点电力企业均以火电为主。非化石能源装机容量占比方面，除三峡集团外，国家电投该比例最高，为 46%。国家电投已从传统的火电为主转变为绿色电力为主，装机结构在五大发电集团中处于领先地位。国家能源集团、华能集团、华电集团、大唐集团非化石能源装机容量占比接近，分别为 25%、28%、29%和 32%。广东省能源集团和浙江省能源集团的非化石能源装机容量占比较低，分别为 11%和 7%。整体来看，全国性发电企业装机结构优于地方性发电企业。重点电力企业装机结构如图 9-2 所示。

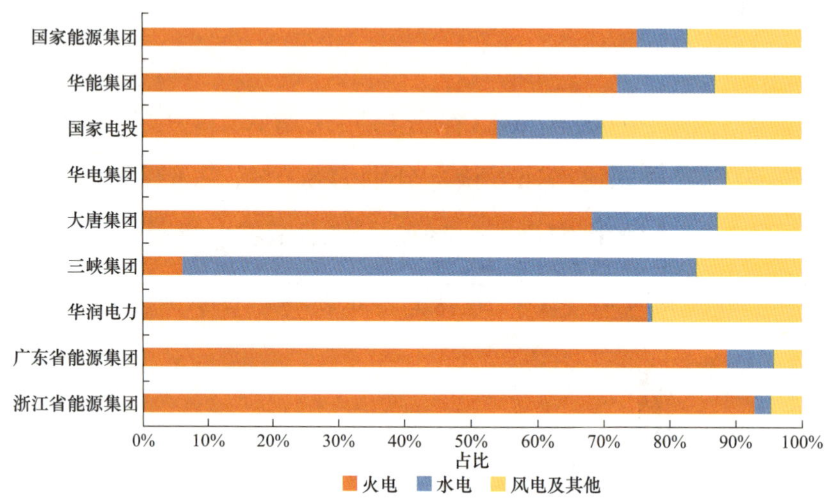

图 9-2　重点电力企业 2019 年装机结构

注：浙江能源集团数据取其 2019 年 9 月公布数据，并结合经营状况推算得出。

2019 年，大部分电力企业的发电量同比实现增长。国家电投发电量同比增长 11.2%，增速远高于其他企业，主要因为其新建项目投产；华电集团发电量同比增长 4.1%，增速位居第二；广东省能源集团、国家能源集团、华能集团、三峡集团发电量同比微幅增长；浙江省能源集团、大唐集团、华润电力发电量同比略有下降。

综合供电标准煤耗率方面，国家能源集团、国家电投、大唐集团、广东省能源集团、浙江省能源集团的煤耗均高于 300g/kWh，华润电力煤耗最低，为

296.6g/kWh。火电设备平均利用小时数方面，2019年，华润电力利用小时数最高，为4725h，尽管比2018年减少251h，但仍明显领先于其他企业；华电集团和广东省能源集团设备利用小时数较低，均低于4000h；大部分电力企业平均利用小时数同比明显减少。具体数据如表9-2所示。

表9-2　重点电力企业电力生产数据

企业	全年累计发电量（亿kWh）	发电量同比变化（%）	综合供电标准煤耗率（g/kWh）	火电设备平均利用小时数（h）	火电设备平均利用小时数同比（h）
国家能源集团	9690	1.6	304.8	4553	-146
华能集团	7057	0.4	297.7	4436	5
国家电投	5538	11.2	302.1	4222	-100
华电集团	5786	4.1	298.3	3796	8
大唐集团	5429	-1.8	301.1	4233	-312
三峡集团	2895	0.2	—	—	—
华润电力	1936	-0.9	296.6	4725	-251
广东省能源集团	1154	2.9	307.6	3743	-186
浙江省能源集团	1396	-2.7	301.0	—	—

注　浙江省能源集团未公布其2019年火电设备平均利用小时数。

重点电力企业生产状况呈现以下趋势：

（1）发电企业保持扩张态势，电力生产能力增长。2019年，本报告重点分析的发电企业装机容量均同比增长，大部分企业装机容量近四年来逐年增长，但整体而言增速较缓。受益于全社会用电量稳步上升和装机规模不断提升的影响，大部分企业发电量同比增长，而浙江省能源集团、大唐集团、华润电力三家企业发电量同比略有下降。整体来看，我国发电企业保持扩张态势，电力生产能力增长。

（2）非化石能源比例上升，且央企快于地方性发电企业。火力发电保持我国的主力电源这一地位不变，但风电、水电、核电和光伏等清洁能源也在不断发展中。2019 年，本报告分析的发电企业清洁能源装机容量占比同比提升，电源结构与前三年相比不断优化；央企电源结构优化速度快于地方发电企业，主要因为央企可以在全国范围内投资布局清洁能源，而地方性发电企业布局新能源时往往受制于所在区域的自然资源禀赋。

（3）火电机组利用小时数下降，供电煤耗水平持续领先。受到清洁能源消纳比重上升等因素影响，大部分发电企业 2019 年火电设备平均利用小时数同比下降明显，利用小时数偏低。同时我国重点发电企业供电煤耗近年来不断下降，持续保持在世界发达国家平均水平，如华能集团、华电集团、华润电力 2019 年综合供电标准煤耗率均低于 300g/kWh。

9.3 财务经营状况分析

9.3.1 盈利能力

（1）资产总额。2019 年，除国家能源集团资产总额小幅下降以外，各企业的资产总额同比均有不同程度的增长。其中，浙江省能源集团增速最快，同比增长 14.63%，主要原因是收购了风电资产；三峡集团和国家电投资产总额同比增速也超过 10%，主要源于在建项目持续推进。整体来看，大部分电力企业资产总额近四年来保持逐年增长平稳的趋势，如图 9-3 所示。

（2）营业总收入。2019 年，除华润电力营业总收入小幅下降以外，其余电力企业营业收入均同比实现不同程度的增长。其中，国家电投营业收入增速最高，同比增长 20.24%，达到 2722 亿元，主要源于装机容量不断增长和电价较高的清洁能源占比显著提升；浙江省能源集团营业收入增速仅次于国家电投，

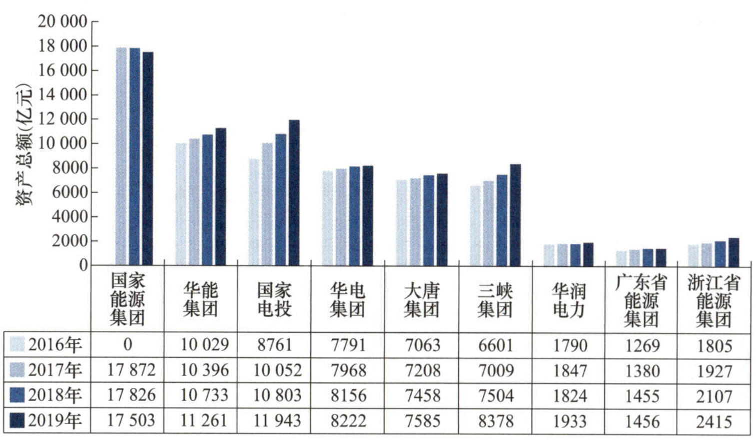

	国家能源集团	华能集团	国家电投	华电集团	大唐集团	三峡集团	华润电力	广东省能源集团	浙江省能源集团
2016年	0	10 029	8761	7791	7063	6601	1790	1269	1805
2017年	17 872	10 396	10 052	7968	7208	7009	1847	1380	1927
2018年	17 826	10 733	10 803	8156	7458	7504	1824	1455	2107
2019年	17 503	11 261	11 943	8222	7585	8378	1933	1456	2415

图 9-3　重点电力企业 2016—2019 年资产总额

为 19.39%；国家能源集团、华能集团、华电集团、三峡集团、广东省能源集团营业收入同比也实现较为明显地增长。整体而言，各发电集团近四年来营业收入不断增加，如图 9-4 所示。

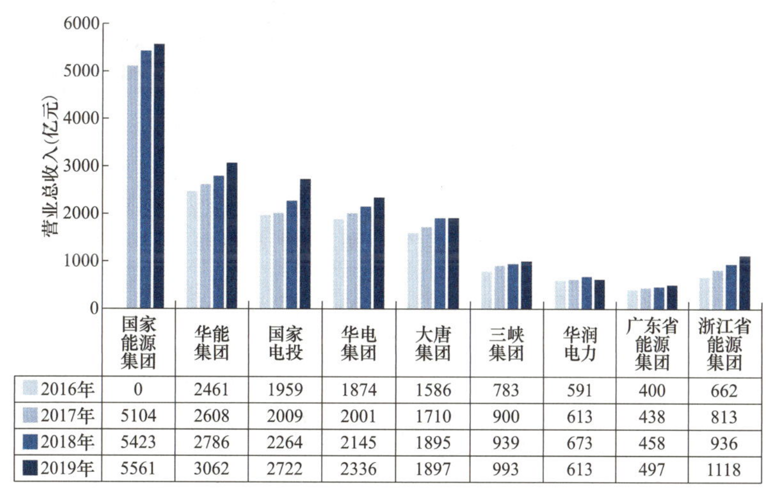

	国家能源集团	华能集团	国家电投	华电集团	大唐集团	三峡集团	华润电力	广东省能源集团	浙江省能源集团
2016年	0	2461	1959	1874	1586	783	591	400	662
2017年	5104	2608	2009	2001	1710	900	613	438	813
2018年	5423	2786	2264	2145	1895	939	673	458	936
2019年	5561	3062	2722	2336	1897	993	613	497	1118

图 9-4　重点电力企业 2016—2019 年营业总收入

（3）净利润率和净资产收益率。以水电为主的三峡集团净利润率超过 35%，遥遥领先以火电为主的其他电力企业，其主要原因是水电的生产成本比火电企业低，且三峡集团属于非常优质的水电龙头。在其他电力企业中，国家能源集团净利润率相对较高，2019 年净利润率为 9.6%；华润电力、广东省能源集团和浙江省能源集团2019年净利润率也超过5%。五大发电集团中的其他四家净利润率较为接近且偏低，在3.5%~4.5%之间，但该比率依然高于电网企业。受电价再降10%的影响，国家电网和南方电网同年净利润率仅为2.2%和2.5%。

近四年，五大发电集团净利润率逐年小幅增长，三峡集团净利润率逐年小幅下降，主要受上网电量和电价影响；华润电力、广东省能源集团、浙江省能源集团净利润率出现波动。重点电力企业2016—2019年净利润率情况如图9-5所示。

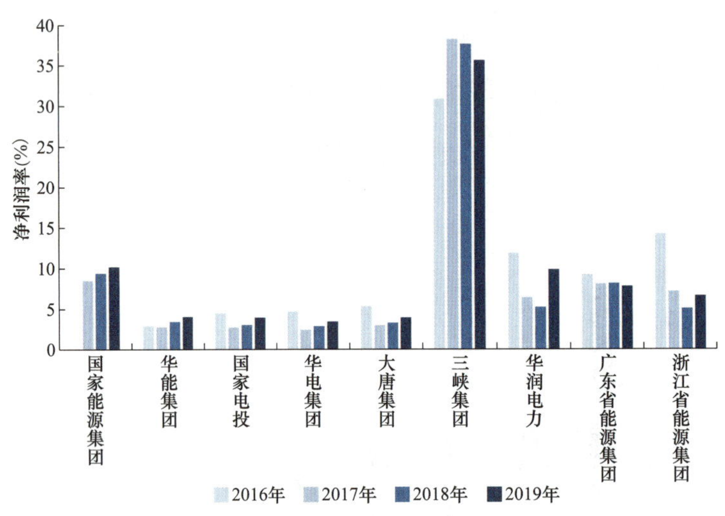

图9-5 重点电力企业2016—2019年净利润率

2019年，三峡集团净资产收益率为8.61%，高于其他以火电为主的发电企业；华润电力、国家能源集团净资产收益率较高，分别为8.12%和7.85%；广东省能源集团和浙江省能源集团的净资产收益率也超过了5%；五大发电集团中的其他四家净资产收益率相对偏低，且较为接近，为4%左右。根据国资委企业绩效评价标准值，三峡集团净资产收益率在水电行业大型企业中高于平均水平，未达良好水平；华润电力、国家能源集团净资产收益率在大型火电企业中处于优秀水平；广东省能源集团和浙江省能源集团达到良好水平，华能集团、国家电投、华电集团、大唐集团净资产收益率高于平均水平。

近四年，三峡集团净资产收益率先上升后逐年小幅下降，主要因为电价及上网电量等因素影响，但三峡集团的净资产收益率依然领先。大部分重点电力企业净资产收益率呈现先降后升的趋势，主要因为2016年煤炭去产能导致煤价高企，火电企业盈利大幅下降。重点电力企业2016—2019年净资产收益率如图9-6所示。

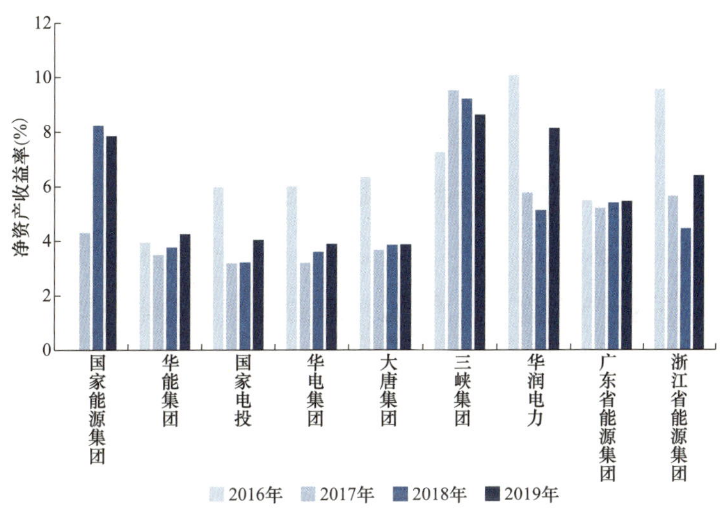

图 9-6　重点电力企业 2016—2019 年净资产收益率

9.3.2　债务风险和偿债能力

重点电力企业2019年债务风险和偿债能力指标如表9-3所示。

表 9-3　　重点电力企业 2019 年债务风险和偿债能力指标

企业	资产负债率(%)	现金流量利息保障倍数	流动比率(%)	速动比率(%)
国家能源集团	58.97	5.04	0.59	0.52
华能集团	75.08	1.42	0.58	0.53
国家电投	75.72	1.50	0.54	0.49
华电集团	72.77	2.79	0.38	0.33
大唐集团	72.87	2.21	0.47	0.43
三峡集团	49.58	5.27	0.70	0.69

续表

企业	资产负债率（%）	现金流量利息保障倍数	流动比率（%）	速动比率（%）
华润电力	55.91	—	1.37	1.32
广东省能源集团	50.65	4.60	0.75	0.64
浙江省能源集团	49.50	5.47	0.92	0.80

注 因华润电力报表未披露利息费用，无法计算现金流量利息保障倍数。

资产负债率方面，2019 年，华能集团、国家电投、华电集团、大唐集团的资产负债率均高于 72%，显著高于本报告选取的其他电力企业，并高于大型火电企业平均负债率水平。国家能源集团、华润电力的资产负债率在 55%～59%，在大型火电企业中处于优秀水平。广东省能源集团、三峡集团、浙江省能源集团的资产负债率均在 50%左右，负债率相对较低。现金流量利息保障倍数方面，浙江省能源集团、三峡集团、国家能源集团和广东省能源集团现金流量利息保障倍数相对较高。整体来看，国家能源集团、三峡集团、华润电力、广东省能源集团和浙江省能源集团的资产负债结构较优，长期偿债能力强。

流动比率和速动比率方面，仅有华润电力这两项比率大于 1，本报告选取的其他电力企业流动比率和速动比率均小于 1。华润电力、浙江省能源集团、广东省能源集团的速动比率在大型火电企业中处于优秀水平；国家能源集团、华能集团速动比率达到良好水平；三峡集团在大型水电企业中达到良好水平；华电集团速动比率较低，低于平均水平。整体来看，华润电力的短期偿债能力最为突出，浙江省能源集团、广东省能源集团、国家能源集团、华能集团、三峡集团的短期偿债能力较强，国家电投、大唐集团的短期偿债能力一般，华电集团短期偿债能力相对偏低。

9.3.3 营运能力

重点电力企业 2019 年营运能力指标如表 9－4 所示。

表 9-4 **重点电力企业 2019 年营运能力指标** 单位：次

企 业	总资产周转率	固定资产周转率	流动资产周转率	应收账款周转率
国家能源集团	0.31	0.54	1.95	9.56
华能集团	0.28	0.53	1.59	5.87
国家电投	0.24	0.47	1.39	5.97
华电集团	0.29	0.47	2.44	6.38
大唐集团	0.25	0.41	1.68	4.64
三峡集团	0.13	0.30	1.25	4.98
华润电力	0.39	1.07	0.90	11.94
广东省能源集团	0.34	0.70	1.98	8.19
浙江省能源集团	0.49	1.11	2.65	11.11

2019 年，总资产周转率方面，浙江省能源集团该比率为 0.49，接近大型火电企业优秀水平；华润电力该比率为 0.39，接近大型火电企业良好水平；广东省能源集团、国家能源集团该比率高于大型火电企业平均水平；其余企业该比率偏低，皆低于同行大型企业平均水平。固定资产周转率方面，浙江省能源集团和华润电力该比率大于 1，显著高于其他企业。

流动资产周转率方面，浙江省能源集团和华电集团该比率大于 2，在同行大型企业中处于良好水平；广东省能源集团、国家能源集团、大唐集团和华能集团流动资产周转率高于平均水平，其余企业流动资产周转率较低。

应收账款周转率方面，华润电力、浙江省能源集团和国家能源集团该比率高，达到优秀水平；广东省能源集团、华电集团、国家电投和华能集团该比率处于良好水平；大唐集团高于同行大型企业平均值；三峡集团该比率处于较差水平。

整体来看，华润电力和浙江省能源集团的营运能力较强，国家能源集团、华电集团和广东省能源集团营运能力较为良好，华能集团、国家电投、大唐集团营运能力处于中等水平，三峡集团营运能力指标表现相对偏弱。

2019 年，重点电力企业财务经营状况呈现以下趋势：

1）电力企业规模不断扩大，盈利水平略有提升。2019 年，本报告分析的企业中绝大部分企业经营规模不断扩大，资产总额和营业总收入规模持续提升。大部分以火电为主的发电企业盈利有所改善，净利润率和净资产收益率同比实现增长，主要受几方面因素影响：①发电量增长带来营收增长；②受益于煤炭行业产能逐渐释放的影响，2019 年国内煤炭价格下行趋势，火电企业燃料成本降低。但火电企业盈利并未出现大幅度增长，净利润率和净资产收益率同比增加幅度不高，主要受电价下降 10%的影响。对于以水电为主的三峡集团，受来水状况波动、电价及上网电量等因素影响，其净利润率和净资产收益率小幅下降，但盈利水平仍高于以火电为主的发电企业。

2）资产负债率持续下降，偿债能力增强。整体而言，五大发电集团资产负债率高于两个地方性发电企业和以水电为主的三峡集团。近年来，按照中央“防范化解重大风险”要求，各电力企业严格控制资产负债率，并取得了一定成效。2019 年，本报告分析的电力企业中的大部分企业资产负债率均有所下降，资产结构不断优化，长短期偿债能力有所增强。

9.4 重点发电企业发展前景展望

（1）生产和供应形势。未来三年，我国重点发电企业的电力生产规模仍将扩大，装机容量和发电量总体保持低速增长态势，装机结构持续优化。主要原因如下：①2020 年初，新冠疫情爆发导致许多行业停工停产，我国 GDP 和全社会用电量都受到负面影响，因此，预计各重点电力企业 2020 年发电量同比下降。但疫情造成的影响是阶段性的，随着经济社会恢复正常发展，用电需求增长，电力企业生产能力也将相应扩大；②由于全国煤电去产能工作持续推进，落后煤电机组被关停，对装机容量增长速度有负面影响；③发展非煤能源是我国能源安全战略的明确要求，多个地区已发布打赢蓝天保卫战实施方案，因此，我国重点发电企业的清洁能源装机容量占比将持续提升，装机结构不断优化。预计 2020 年全国发电装机总量预计持续增长，增速与

2019 年接近，全国发电量预计小幅上升；2021 年全国发电装机预计小幅增长，全国发电量回升。

（2）财务经营状况。预计未来三年，我国发电企业的盈利状况将有所改善，但增长空间较小，主要原因如下：①由于疫情对用电量带来负面影响，发电企业财务经营状况将阶段性承压，发电企业盈利水平将先降后升；②结合宏观经济形势来看，未来全社会用电量增速可能持续放缓，发电企业营业收入持续增长空间有限；③电力市场化改革持续推进，在市场化定价机制下，供过于求可能导致上网电价小幅下降，对发电企业营业收入带来负面影响；④煤价在合理区间内运行，将改善火电企业前三年因煤价高企而利润大幅下滑的状况；⑤随着能源结构转型升级，可再生能源发电所占比例提升，对火电厂的气体减排和低碳环保要求越发严格，火电占比高的发电企业将面临挑战。预计 2020—2021 年我国大型发电企业净利润率和净资产收益率比 2019 年小幅增加。

（3）综合展望。未来三年，电力企业的生产能力将持续增长，电源结构不断优化，清洁能源装机占比将继续提升。受全社会用电量增速放缓、新能源挤压传统能源等多种因素的综合影响，预计一批亏损严重、资不抵债的电源企业将逐步淘汰退出，而优质发电企业的利润水平可能迎来小幅改善。我国电力企业面临转型需要，许多电力企业已进行相关探索，如华能集团收购光伏企业协鑫能源优质资产，国家电投、中广核、三峡集团等企业发力海上风电。清洁化、国际化是电力企业未来重要的发展方向，电力企业将持续转型。

第 10 章

国家补贴取消对海上风电发展影响专题分析

我国海上风电近年来发展势头迅猛，国家补贴是重要驱动力。2022 年国家补贴完全取消，将对暂不具备平价上网能力的海上风电及各利益相关方产生深刻影响，对未来海上风电适应调整提出更高要求。

10.1　海上风电发展情况

10.1.1　工程造价情况

作为一项新生事物，海上风电的造价总体偏高，过去一直有赖于国家较大力度的补贴才能持续经营下去。

（1）沿海各省工程造价水平。海上风电目前主要开发近海非深水区域资源，单位千瓦工程造价水平仍较高，各省工程造价多在 17 000～18 000 元/kW，是陆上风电单位造价两倍有余。典型省份海上风电开发的离岸距离、水深及投资估算如表 10 - 1 所示。

表 10 - 1　　2018 年近海各省份典型海域的投资成本比较

省份	离岸距离（km）	水深（m）	投资估算（元/kW）
江苏	10～40	10～25	15 000～18 000
广东	10～30	10～25	17 000～20 000
福建	0～20	5～30	18 000～21 000
上海	10～30	10～25	15 000～19 000
浙江	10～30	10～25	16 000～19 000
河北	10～30	10～20	16 000～18 000
山东	10～30	15～30	16 000～20 000
辽宁	10～30	10～20	16 000～20 000
海南	10～30	10～25	17 000～20 000

（2）典型省份海上风电造价构成。海上风电造价主要由基础施工、安装施工、海底电缆铺设、陆上集控中心和海上升压站建设、设备购置及其他费用等

部分构成。风机机组（含风机安装）和风机基础建设占比接近70%。典型省份间风机基础、海上升压站和送出海缆成本占比差异较大，其他构成部分占比则基本一致。江苏、广东和福建海上风电造价构成如表10-2所示。

表10-2　　　　典型省份海上风电造价构成

成本构成	江苏省	广东省	福建省
风电机组（含安装）	48%	43%	45%
塔筒	4%	4%	5%
基本预备费	1%	1%	1%
场内海缆	3%	3%	3%
其他费用	9%	7%	8%
用海用地费用	4%	3%	3%
陆上集控中心	1%	2%	2%
海上升压站	6%	3%	3%
风机基础	19%	24%	25%
送出海缆	5%	10%	5%

10.1.2　装机容量

（1）累计装机容量。2019年，我国海上风电新增装机容量153万kW，同比增速34.8%，较年均增速50.4%低了15.6个百分点，是2014年以来第一次增速低于50%。海上风电目前累计装机总量不大，但是发展增速极快。补贴、竞价及并网节点等政策因素是当前海上风电发展的最大驱动力。

2010年以来，我国海上风电累计装机容量呈现逐年大幅增长的发展态势，累计装机规模由2010年15.1万kW增至2019年593万kW，年均增长64万kW。2010—2019年海上风电累计装机容量如图10-1所示。

（2）海上风电主要省份装机规划和建设情况。截至2019年，江苏省是我国

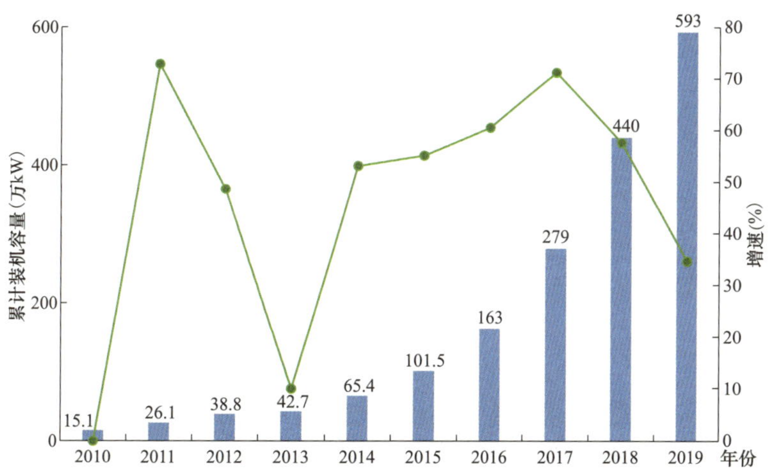

图 10-1　2010—2019 年我国海上风电累计装机容量

海上风电累计装机容量最高省份，广东省则是在建和规划容量最高省份。江苏已经提前完成 2020 年海上风电规划并网目标，广东完成目标可能性极大。海上风电主要省份装机规划和建设情况如表 10-3 所示。

表 10-3　海上风电主要省份装机规划和建设情况　单位：万 kW

省份	规划获批容量	规划获批时间	2020 年并网目标	截至 2019 年底并网容量	截至 2019 年底在建容量	截至 2019 年底核准待建容量	目前核准未建容量
江苏	1475	2017 年	350	416.8	230	410	100
广东	6685	2018 年	200	32	390.3	807	2200
福建	1330	2017 年	200	13.2	239	0	150
上海	615	2011 年	30	41.7	10	0	20
浙江	647	2016 年	30	25.2	53.4	105.2	55
河北	560	2012 年	—	0	30	30	30
山东	1275	2012 年	—	0	30	30	120
辽宁	190	2013 年	—	30	60	0	130
合计	12 777	—	810	558.9	1042.7	1382.2	2805

注　2019 年累计装机规模同国家能源局统计数据略有偏差，主要是本表统计的是典型省份数据，并未全列。

10.1.3 利用小时

海上风电等效利用小时的影响因素包括风机间距、风机容量和资源区域的风速（最大风速、平均风速、安全风速）等。从沿海主要省份等效利用小时数及风速数据来看，目前福建海上风电资源最优，等效利用小时最高能够达到3800小时；广东资源质量次之，其他省份大体相当。我国海上风电主要省份等效利用小时和风速数据如表10-4所示。

表10-4　我国海上风电主要省份等效利用小时及风速情况

省份	等效利用小时（h）	平均风速（m/s）	50年一遇最大风速（m/s）
江苏	2500～2800	7.2～7.8	<45
广东	2100～3000	6.5～8.5	>50
福建	2400～3800	7.1～10.2	>50
上海	2300～2700	6.8～7.6	<45
浙江	2200～2800	6.8～8.0	>50
河北	2000～2650	6.3～7.5	<37.5
山东	2300～2800	6.9～7.8	<37.5
辽宁	2450～2700	7.4～7.6	<37.5

10.2 政策梳理

海上风电发展的初期与政策支持休戚相关，本节将分别梳理分析海上风电的国家政策和典型省份政策。

10.2.1 国家政策

2008—2013年，海上风电处于萌芽示范期，2008年我国第一个国家海上风电示范项目—上海东海大桥海上风电项目核准，采用审批电价，电价为0.978元/kWh，较高的审批电价确保项目并网投产。随后的特许权招标则惨淡

收场，2010 年江苏四个海上风电项目采用特许权招标，中标电价在 0.62～0.74 元/kWh，项目均延期，实为业主方抢占资源。海上风电特许权招标电价过低，开发商无法获取合理收益，海上风电发展一度停滞。自 2014 年起，海上风电迎来快速发展，海上风电相关配套政策也密集出台。我国海上风电核心政策及其要点梳理如表 10-5 所示。

表 10-5　　我国海上风电核心政策及其要点梳理

序号	核心政策	发布机构	政策要点
1	《关于完善风电上网电价政策的通知》（发改价格〔2019〕882 号）	国家发展改革委	（1）将海上风电标杆上网电价改为指导价，新核准海上风电项目全部通过竞争方式确定上网电价。 （2）2019 年符合规划、纳入财政补贴年度规模管理的新核准近海风电指导价调整为每千瓦时 0.8 元，2020 年调整为每千瓦时 0.75 元。新核准近海风电项目通过竞争方式确定的上网电价，不得高于上述指导价。 （3）新核准潮间带风电项目通过竞争方式确定的上网电价，不得高于项目所在资源区陆上风电指导价。 （4）对 2018 年底前已核准的海上风电项目，如在 2021 年底前全部机组完成并网的，执行核准时的上网电价；2022 年及以后全部机组完成并网的，执行并网年份的指导价
2	《关于建立健全可再生能源电力消纳保障机制的通知》（发改能源〔2019〕807 号）	国家发展改革委、国家能源局	（1）对各省级行政区域电力消费规定了应达到的可再生能源电量比重，包括可再生能源电力总量消纳责任权重和非水电可再生能源电力消纳责任权重。 （2）未履行消纳责任的市场主体若限期内仍未完成整改，将受到处理，并将列入不良信用记录，予以联合惩戒。 （3）超额完成消纳量不计入“十三五”能耗考核
3	《关于促进非水可再生能源发电健康发展的若干意见》（财建〔2020〕4 号）	财政部、国家发改委、国家能源局	（1）以收定支的补贴机制。财政部将商有关部门公布年度新增补贴总额。国家发展改革委、国家能源局在不超过年度补贴总额范围内，合理确定各类需补贴的可再生能源发电项目新增装机规模。 （2）国家补贴取消进入倒计时。新增海上风电和光热项目不再纳入中央财政补贴范围。按规定完成核准（备案），并于 2021 年 12 月 31 日前全部机组完成并网的存量海上风力发电和太阳能光热发电项目，按相应价格政策纳入中央财政补贴范围。

续表

序号	核心政策	发布机构	政策要点
3	《关于促进非水可再生能源发电健康发展的若干意见》（财建〔2020〕4号）	财政部、国家发改委、国家能源局	（3）按规定核准（备案）、全部机组完成并网，同时经审核纳入补贴目录的可再生能源发电项目，按合理利用小时数核定中央财政补贴额度。对于自愿转为平价项目的存量项目，财政、能源主管部门将在补贴优先兑付、新增项目规模等方面给予政策支持。 （4）全面推行绿色电力证书交易。自2021年1月1日起，实行配额制下的绿色电力证书交易。企业通过绿证交易获得收入相应替代财政补贴。 （5）在年度补贴资金总额确定的情况下，进一步完善非水可再生能源发电项目的市场化配置机制，通过市场竞争的方式优先选择补贴强度低、退坡幅度大、技术水平高的项目
4	《可再生能源电价附加补助资金管理办法》（财建〔2020〕5号）	财政部、国家发改委、国家能源局	（1）对享受补助资金的可再生能源发电项目做了明确规定（分办法印发前后项目分别规定管理）。 （2）再次强调以收定支的补助原则。 （3）电网企业发布可再生能源补助清单，明确了纳入清单项目具体条件。 （4）电网企业测算补助资金需求的方法，单价按照税后金额补助，发电量上，单个项目补助额度按照合理利用小时数核定。 （5）补助资金申请由电网企业或省级相关部门提出。 （6）明确了补助资金兑付的优先级

通过梳理政策，得出当前海上风电政策有以下四方面的趋势或调整：

（1）度电补贴退坡明显。海上风电指导价在逐年降低，价格降低也就意味着度电补贴额的降低，具体表现为：近海风电2019、2020年度电电价每年降低0.05元，潮间带风电竞价上限对标所在资源区陆上风电指导价，下降幅度更大。2015年以来电价数据如表10-6所示。风电度电补贴降低是整个行业的普遍现象，陆上风电自2015年以来，四类资源区度电补贴几乎都在逐年退坡。

表 10 - 6　　我国海上风电指导价情况　　单位：元/kWh（含税）

类型	资源区	2015 年	2016 年	2017 年	2018 年	2019 年	2020 年
海上风电	近海风电	0.85	0.85	0.85	0.85	≤0.8	≤0.75
	潮间带风电	0.75	0.75	0.75	0.75	通过竞争方式确定上网电价，不得高于项目所在资源区陆上风电指导价	

（2）海上风电国家补贴取消。《关于完善风电上网电价政策的通知》（发改价格〔2019〕882 号）明确规定“对 2018 年底前已核准的海上风电项目，如在 2021 年底前全部机组完成并网的，执行核准时的上网电价；2022 年及以后全部机组完成并网的，执行并网年份的指导价”。《关于促进非水可再生能源发电健康发展的若干意见》（财建〔2020〕4 号）明确提出新增海上风电和光热项目不再纳入中央财政补贴范围。按规定完成核准（备案），并于 2021 年 12 月 31 日前全部机组完成并网的存量海上风力发电和太阳能光热发电项目，按相应价格政策纳入中央财政补贴范围。意味着 2022 年国补将退出海上风电领域。海上风电国补取消将会对行业产生较为深远影响。

（3）在市场竞争配置资源/项目上，海上风电由鼓励态度转变为强制要求。海上风电资源/项目配置机制根本上改变。2014—2018 年，海上风电对市场竞争方式配置资源持鼓励态度，并未强制要求。2019 年，《关于 2018 年度风电建设管理有关要求的通知》（国能发新能〔2018〕47 号）明确提出，从 2018 年 5 月 18 日起，尚未印发 2018 年度风电建设方案的省（自治区、直辖市）新增集中式陆上风电项目和未确定投资主体的海上风电项目应全部通过竞争方式配置和确定上网电价；从 2019 年起，各省（自治区、直辖市）新增核准海上风电项目应全部通过竞争方式配置和确定上网电价。特别鼓励不需要国家补贴的平价上网项目。2019 年起，海上风电将必须通过市场竞争方式配置项目/资源，标杆电价成为竞价“天花板”，更多发挥指导作用。从国际经验来看，竞价有助于加速海上风电平价步伐。

（4）潮间带风电项目由单独设置指导电价改变为参照资源区陆上风电指导电价。《关于完善风电上网电价政策的通知》（发改价格〔2019〕882 号）中改变了新核准潮间带风电的价格机制。新核准潮间带风电项目通过竞争方式确定上网电价，不得高于项目所在资源区陆上风电指导价。即便海上风电资源禀赋优异区域基本处于陆上风电标杆上网电价的Ⅳ类资源区，新核准潮间带风电项目指导价也会大幅降低，2019 年由 0.75 元/kWh 至少降至 0.52 元/kWh，降幅至少为 31%；2020 年由 0.70 元/kWh（按照指导价每年下降 0.05 元规律预计）至少降至 0.47 元/kWh，降幅至少为 33%。

10.2.2 各省政策与建设方案

（1）各省政策。当前，江苏、广东和福建三省是海上风电发展较为领先的省份，现将其近期海上风电相关政策梳理如下：

1）江苏。《江苏省国民经济和社会发展十三五规划》提出，要加快推进能源变革，大力发展风能等可再生能源，形成 800 万～1000 万 kW 风电装机。《江苏省“十三五”海洋经济发展规划》提出，优化海上风电开发布局，积极发展离岸风电。推动海上风电设备关键技术攻关，重点发展具有世界先进水平的 6MW 以上海上风电机组及关键零部件、集中监控及智慧风场管理系统、风电控制系统及设备、构建集技术研发、装备制造、风场应用和配套服务于一体的全产业链。支持盐城、南通、连云港海上风电开发，加快建设千万千瓦级风电基地。

2）广东。2018 年 4 月，广东省发改委发布《广东省海上风电发展规划（2017—2030 年）（修编）》，明确了广东省海上风电建设装机目标：到 2020 年底，开工建设海上风电装机容量 1200 万 kW 以上，其中建成投产 200 万 kW 以上，到 2030 年底，建成投产海上风电装机容量约 3000 万 kW。

2018 年 12 月，广东省能源局印发《关于广东省海上风电项目竞争配置办

法（试行）》。该《办法》明确，根据国家文件规定，凡纳入《广东省海上风电发展规划（2017—2030 年）（修编）》，但未在 2018 年 5 月 18 日前确定投资主体的海上风电项目，以及从 2019 年起新增核准的海上风电项目，均需通过竞争配置方式确定投资主体和上网电价。

3）福建。2016 年 10 月，福建省人民政府发布《福建省“十三五”能源发展专项规划》，规划提出，积极推动海上风电建设，重点推进莆田平海湾、福州兴化湾、平潭岛周边等资源较好地区的海上风电项目开发，“十三五”建成海上风电 200 万 kW 以上。

2018 年 6 月，福建省加快海洋经济发展领导小组办公室发布《关于印发福建加快海洋强省建设 2018 年工作要点的通知》，通知指出，要培育发展海洋新兴产业。推进宁德霞浦、长乐、福清、平潭、莆田南日岛和平海湾等海上风电项目。推动福建海风装备制造基地等一批海洋工程装备制造关键技术产业化示范工程。

2019 年 12 月，福建省发改委发布《福建省海上风电项目竞争配置办法（试行）》（简称《办法》），《办法》明确，新增核准的集中式海上风电项目全部通过竞争方式配置并确定上网电价。所有参与竞争配置的项目必须以电网企业投资建设接网及配套电网工程和落实消纳为前提条件，确保项目建成后达到最低保障收购年利用小时数（或弃风率不超过 5%）。

4）上海。2020 年 6 月，上海印发了《上海市可再生能源和新能源发展专项资金扶持办法（2020 版）》（沪发改规范〔2020〕7 号）。该办法明确将对 2019—2021 年投产的近海风电项目奖励 0.1 元/kWh，单个项目奖励金额不超过 5000 万元，连续奖励五年。有媒体及业内人士将其理解为“中国首个接力国补的地补政策”。然而，从补贴年限来看，该政策其实是一项延续性政策，首次印发是在 2014 年 6 月，期间于 2016 年又进行了修改，本次是第三版。上海近期发生的政策乌龙事件，也侧面反映了行业内对地方支持政策的迫切之情。

（2）各省建设方案。2020年3月5日，国家能源局印发《关于2020年风电、光伏发电项目建设有关事项的通知》（国能发新能〔2020〕17号）。发文附件《2020年风电项目建设工作方案》中明确了2020年风电补贴总额采用严控总量的余额管控方式管理，各省级能源主管部门要及时向社会公布剩余容量空间，需要国家财政补贴的项目是由2020年规划并网目标扣减掉2020年已并网和2020年已核准在有效期并承诺并网的风电项目规模得出。《方案》强调注意把控好海上风电的投资时序和节奏，对于并网容量、开工规模已超《风电发展“十三五”规划》和国家能源局审定批复的海上风电规划目标省份，应暂停2020年海上风电核准工作。截至2020年5月底，部分省份2020年建设方案也陆续出台，江苏、山东不安排新增补贴海上风电项目；河北、辽宁不新增海上风电项目；广东继续开工建设，确保完成2020年目标。各省相关政策及其要点梳理如表10-7所示。

表10-7　部分省份2020年海上风电项目建设相关政策要点

序号	省份	政策	政策要点
1	江苏	《江苏省发展改革委关于做好2020年风电和光伏发电项目建设工作的通知》（苏发改能源发〔2020〕339号）	（1）2020年江苏省暂停需国家财政补贴的海上风电、分散式风电、集中式陆上风电竞争配置、核准工作。 （2）加快推进存量项目建设，积极推进平价上网项目建设，全面落实电力送出消纳条件，优先支持平价上网项目
2	广东	《广东省能源局转发国家能源局关于2020年风电、光伏发电项目建设有关事项的通知》（粤能新能函〔2020〕159号）	（1）确保完成全省海上风电200万kW以上并网容量的规划目标。 （2）广东海上风电规划6685万kW，2020年规划并网200万kW，截至2019年仍有空间。 （3）优先安排我省2020年年内并网的海上风电项目和可享受国家补贴的陆上风电项目的送出线路建设，并建立绿色通道，对该类实行快速审批、优先建设

续表

序号	省份	政策	政策要点
3	河北	《河北省发改委关于 2020 年风电、光伏发电项目建设有关事项的通知》（冀发改能源〔2020〕399 号）	严格遵循不新增布局海上及沿海地区风电，不安排平原地区风电原则，在具备电力送出及消纳条件的山区和丘陵地区组织谋划风电项目
4	山东	《山东能源局关于 2020 年风电、光伏发电项目建设有关事项的通知》（鲁能源新能字〔2020〕79 号）	（1）2019 年已并网和已核准在有效期并承诺建设项目规模已超规划。2020 年不能安排需国家财政补贴的集中式和分散式风电项目。 （2）全力推进 2018 年底前列入风电开发方案内已按期核准且在有效期内的集中式风电项目年内并网工作
5	辽宁	关于印发《辽宁省风电项目建设方案》《辽宁省光伏发电项目建设方案》的通知（辽发改能源〔2020〕58 号）	辽宁根据消纳得出 2025 年前可新增风电 330 万 kW，全部用于支持陆上无补贴风电项目建设，2020 年全面启动建设

10.3　对各利益相关方的影响分析

国家补贴取消将会影响整个风电产业链相关主体，受到较大影响的主要有风机制造企业、开发商，此外，为帮扶海上风电产业发展，地方政府和电网企业也分别面临是否接力补贴和是否接手部分送出线路投资等难题。本部分将具体分析新的海上风电发展形势对风机制造企业、开发商、地方政府和电网企业等利益相关方的影响。

10.3.1　风机制造企业

本部分的风机制造企业主要指风电整机商和零部件供应商。2021 年底是海上风电锁定含补贴高电价的关窗时点，政策刺激下引发了海上风电行业抢装，将对风机制造企业产生深刻影响，具体如下：

（1）供应链存在短板，风电整机产能紧张，风电跟随整机商存在延迟交付风机的可能。一方面，政策刺激下的抢装引起风机需求大幅增长。另一方面，疫情“黑天鹅”先后影响国内和国外两个市场，风机及其零部件和原材料生产能力受到抑制，导致国内面临巴沙木等原材料和主轴承、齿轮箱轴承等零部件供应不足的风险。有专家预测，2020 年下半年，原材料和零部件供应不足对风机出货的制约影响将在国内市场逐步显现。风机供需“剪刀差”的开口在张大。风机制造企业存在不能完全兑现手上饱满订单的风险，如运达风电由于延迟交付等违约行为被清远和风新能源科技有限公司告上法庭，预计今年除了金风、明阳和远景能源等少数整机制造领先企业外，大部分跟随企业均面临风机不能如期出货交付的问题。

（2）发电集团或将主动放弃部分节点前并网项目，领先整机制造商面临被违约的风险。当前，确保在 2021 年底前并网已成为开发商项目投资决策的前提，只有确保并网才能锁定含补贴高电价，否则，项目将面临全生命周期亏损的局面，对于投资而言就是灾难。发电集团在理性权衡下，大概率将主动放弃部分预期难以在节点前并网项目，以聚焦资源，确保重点项目如期并网。对于具有较强出货能力的领先整机制造商而言，即可能面临被违约的风险，尤其是 2021 年，应重点关注该项风险。

（3）抢装对风机制造企业负面效应较大，2022 年及以后风机订单总额将大幅减少，行业面临较大产能过剩压力。当前从风机生产，到海上风电场基础建设、风机安装和海缆铺设等施工环节均存在产能不足的问题。据《能源》杂志统计，目前我国境内仅有 32 艘安装船用于海上风电吊装和基础施工，一艘吊装船全年吊装风机 40 台为合理产出，按每台风机 5MW 计，32 艘安装船一年仅约能安装 640 万 kW，甚至都难以满足 2019 年底已开工未并网的 1000 万 kW 需求；同时，我国境内仅有 8 艘 220kV 海缆施工船，且有一半将很快不适应海上

风电海缆施工要求。行业内企业为兑现满满的订单，叠加卖方市场下风机及基建安装价格多处在高位的影响，行业各环节均存在扩大生产能力的驱动力。然而，由于本轮抢装产生的原因是政策，且 2022 年以后政策刺激将不复存在，新增产能大概率最多只能在 1 年时间内发挥作用，随后成为过剩产能，加剧行业产能过剩压力。

（4）2022 年及以后，风机制造企业议价能力将大幅下滑，将成为发电集团海上风电项目无补贴平价压力传导的最直接对象，并将成为平价时代实际买单者。并网抢装节点（2022 年）前后，风机制造企业议价能力将发生根本变化。并网节点前，各发电集团海上风电项目抢装，供不应求，风机制造企业具有较强议价能力，且由于有含补贴高电价存在，海上风电项目存在满足双方收益要求的价格空间。2022 年及以后（并网节点后），由于国补明确退出和地补前景未卜，海上风电可能一步跨入平价上网时代，政策变动导致的抢节点并网抢装潮也难再出现，发电集团在海上风电开发市场上逐渐占据绝对主动地位，市场由卖方市场向买方市场转变。发电集团大可以待价而沽，有利可图就开发项目，无利可图就静观其变。而对于风机制造企业而言，没有订单就意味着企业的消亡，损失最低将成为供货决策的准则，低于成本价供货也大有可能成为常态，成为平价时代实际的买单者。新常态下，小企业风险抵御能力不足，将面临破产清算或被兼并整合的现实，将加速行业进入寡头时代。风电制造产业链相关企业只有全力降低成本（如技术进步和规模化发展等），才能实现行业的可持续发展。

10.3.2　开发商

当前，我国海上风电场投资建设的主体主要包括五大发电集团、华润电力、三峡集团等。在政策驱使下，各开发商正掀起海上风电抢装热潮，面临放弃到手资源、现金流收紧、项目经济性和质量变差等形势。具体如下：

（1）政策驱动下，2020—2021年将迎来海上风电项目抢装潮。政策驱动下，海上风电领域将出现2021年底前开发商抢开工、抢吊装、抢并网以及抢市场、抢电价和抢收益的局面。主要原因如下：①国家补贴的关门节点明确，即2022年及以后，国补取消。2021年成为抢装并网锁定高电价的重要节点；②核准项目存在最晚开工时间约束，超出最晚开工时间，资源再次释放回市场，以往不顾电价先抢占资源后待机开发的圈而不建的海上风电投资策略不再有效；③国补取消后，海上风电政策环境不确定性大幅增加，未来海上风电资源开发难度增大，且经济性降低，甚至可能出现海上风电发展停滞的局面。开发商倾向于全力保资源，尽可能确保海上风电项目如期并网以变现资源。

（2）受供应能力制约，各开发商抢装不确定性增加，大概率会选择主动放弃部分项目，以规避风险。开发商在理性决策下，将会主动放弃一部分难以如期并网项目，以规避风险。一方面，不少开发商手中握有大量资源，如以广东为例，截至2020年3月，中广核和三峡在广东资源储备分别高达280.2万kW和270万kW。另一方面，在风机出货能力有限、海上风电项目审批延缓、涉及机密区域、海上运输能力不足和安装能力受限等供应硬约束下，我国海上风电领域仍必然存在不在少数的无法如期并网的风电项目，风电开发企业对当前开工和待建的已核准项目均如期并网普遍抱悲观预期。一旦未能在政策要求节点前并网锁定含补贴高电价，将可能一步进入平价时代，上网电价较当前的指导电价至少低0.2～0.3元/kWh，平价甚至难以弥补海上风电开发建设度电成本，对于风电开发企业而言，将是投资灾难。如业内专家预测，以目前全国船舶和施工能力，预计已核准开工或待开工项目中将有超过800万kW装机容量要在2022年及以后才能建设完成。

（3）抢装加剧新能源补贴缺口，开发商现金流收紧，将会额外产生财务费用等支出。我国新能源补贴缺口正呈逐年扩大的趋势。据相关研究机构数据，截至2017年年底，新能源发电补贴缺口累计达1127亿元，2018年年底超过

2000 亿元，2030 年缺口有可能大幅扩大至 10 000 亿元。

2017—2019 年五大发电集团及三峡集团下属的典型新能源上市公司的应收账款及票据数据如表 10 - 8 所示。

表 10 - 8　　典型新能源企业应收账款及票据相关数据　　单位：亿元

项目	年份	龙源电力	华能新能源	大唐集团新能源	三峡新能源
应收账款及票据	2017	99.6	72.1	50.4	50.58
	2018	124.6	99.7	74.7	73.06
	2019	180.8	—	95.5	104.1
营业总收入	2017	246.4	106.2	71.0	67.8
	2018	265.0	116.7	83.2	73.8
	2019	276.1	125.8	83.2	64.6
应收账款占营业总收入比重	2017	40.4%	67.9%	71.0%	74.6%
	2018	47.0%	85.4%	89.8%	99.0%
	2019	65.5%	—	114.8%	161.1%

可以看出，所有典型企业应收账款及票据占营业总收入比重均逐年走高，尤其是大唐集团新能源和三峡新能源，2019 年应收账款及票据甚至达到营业总收入的 1.1 倍和 1.6 倍。新能源公司应收账款及票据中绝大部分均为应收新能源补贴款，以三峡新能源为例，在截至 2019 年 9 月的 104.1 亿元应收账款及票据中，有 99.77 亿元为应收新能源补贴款，占比高达 95.8%。政府补贴难以及时回收将影响新能源企业现金流，导致产生额外财务费用等问题。

海上风电 2019—2021 年连续三年抢装，则会进一步加剧补贴缺口，严重影响企业现金流。开发商抢装，最终开发商又会成为实际承压人，抢装锁定的高电价中的一部分补贴仍将“躺”在账上，即便当前海上风电开发主体多为大型央企/国企，抗风险能力强，但是面对如此高额的应收账款及逐年走高的发展趋势，如不解决，企业经营状况也终将走到负重难行的一天。新能源欠补的问题较为突出，已逐渐成为制约新能源发展的重要因素，亟须得到妥善解决。

(4) 风电抢装并网节点前，行业为卖方市场，抢装增加建设成本。并网后，行业虽转入买方市场，但项目建设经济性可能更低，海上风电建设或将陷入停滞局面。海上风电开发建设将在2022年出现转折。抢装时点（2022年）前，海上风电项目抢时间、抢供应，对于如期并网项目而言，建设成本较大提升，压缩了项目收益空间，项目经济效益受挫，而对于没有如期并网的项目，更是雪上加霜。抢装节点过后，虽然风机制造企业议价能力大幅下降，但是上网电价除去补贴，平价时代的海上风电项目经济性相对更差。2022年及以后海上风电建设需求将大幅降低，可能陷入停滞局面。

(5) 海上风电抢装潮下，风电项目存在质量隐患。2020—2021年将是海上风电抢装最高潮，风机及建设过程中的基础建设、吊装和海底电缆铺设等环节均存在抢出货、抢建设等抢时间的驱动力。较低品质的原材料和关键零部件极有可能流入市场，施工作业人员素质有所下降，施工质量难以投入足够资源保障。随之而来的就是风机质量和施工吊装质量存在更多隐患，后续运维成本不可避免的大幅增加，进而严重影响项目的经济性。抢装下风电项目质量存在更多的隐患。

10.3.3 地方政府

对于地方政府而言，海上风电行业已经成为沿海省份未来实现能源结构转型、促进地方经济发展和保障能源安全供应的版图中的重要拼图。国家财政迫于可再生能源欠补压力增大，选择取消国补。在当前的单位造价水平下，没有补贴的海上风电投资很可能陷入全生命期亏损。地方政府若不接力补贴，海上风电发展将陷入停滞，对地方能源转型、社会经济发展及未来能源安全可靠保

障均带来很大隐患；地方政府若扶持，则又会加重财政负担。面对此两难情景，本报告在地方政府会接力补贴的假设下，对地方政府的财政负担进行测算。

（1）地补测算。经过测算得知，对绝大部分省份而言，地补接力国补压力不大，且逐年都在降低，2025 年地补总额基本都在 10 亿元以下，各省海上风电基本具备平价上网能力。具体测算如下：

1）测算 2022—2025 年各省度电补贴数额。根据《国家发展改革委关于完善风电上网电价政策的通知》（发改价格〔2019〕882 号），2019 年符合规划、纳入财政补贴年度规模管理的新核准近海风电指导价调整为 0.8 元/kWh，2020 年调整为 0.75 元/kWh。考虑到：①历年风电电价每年下降 0.05 元/kWh 的规律及 2021 年电价下降空间仍较大，预计 2021—2025 年海上风电指导价将为 0.70、0.65、0.60、0.55、0.50 元/kWh；②考虑到未来海上风电项目全部通过竞争方式确定上网电价，结合 2019 年山东、辽宁、浙江和上海竞争配置申报电价普遍低于指导电价 0.01～0.02 元统计规律，综合考虑技术加速进步等因素，推定 2021—2025 年各省海上风电核准上网电价较指导电价分别低 0.01、0.02、0.03、0.04 元和 0.05 元，即海上风电中标电价为 0.69、0.63、0.57、0.51、0.45 元/kWh。各省海上风电 2022—2025 年度电补贴如表 10 - 9 所示。值得一提的是，由于广东当地燃煤基准电价水平高，2025 年海上风电已经无须补贴。其余各省 2025 年度电补贴数额也均大幅下降，最高为辽宁和河北，均为 0.07 元/kWh。

表 10 - 9　2022—2025 年各省海上风电度电补贴金额测算　单位：元/kWh

省份	指导电价/平均中标电价				基准电价（煤电标杆电价）	度电补贴			
	2022 年	2023 年	2024 年	2025 年	2020 年	2022 年	2023 年	2024 年	2025 年
广东	0.63	0.57	0.51	0.45	0.453	0.16	0.10	0.05	0.00
江苏	0.63	0.57	0.51	0.45	0.391	0.21	0.16	0.11	0.05

续表

省份	指导电价/平均中标电价				基准电价（煤电标杆电价）	度电补贴			
	2022 年	2023 年	2024 年	2025 年	2020 年	2022 年	2023 年	2024 年	2025 年
福建	0.63	0.57	0.51	0.45	0.393 2	0.21	0.16	0.10	0.05
上海	0.63	0.57	0.51	0.45	0.415 5	0.19	0.14	0.08	0.03
浙江	0.63	0.57	0.51	0.45	0.385 3	0.22	0.16	0.11	0.06
山东	0.63	0.57	0.51	0.45	0.394 9	0.21	0.15	0.10	0.05
辽宁	0.63	0.57	0.51	0.45	0.374 9	0.23	0.17	0.12	0.07
河北	0.63	0.57	0.51	0.45	0.372	0.23	0.18	0.12	0.07

注 2022—2025 年才是地方需要接力补贴的年份。

2）测算 2022—2025 年各省需补贴电量。假定 2020—2021 年合计并网容量为截至 2019 年底在建和核准待建容量之和的 80%，且 2020 年和 2021 年并网容量相同。2022—2025 年每年并网容量同 2021 年。等效利用小时数取各省等效利用小时数中间值。则各省 2022—2025 年需补贴电量如表 10-10 所示。

表 10-10　　2022—2025 年各省海上风电待补贴上网电量

省份	累计装机容量（万 kW）				等效利用小时数（h）	待补贴累计上网电量（亿 kWh）			
	2022 年	2023 年	2024 年	2025 年	2022—2025 年	2022 年	2023 年	2024 年	2025 年
广东	1468	1947	2426	2905	2550	374	497	619	741
江苏	1185	1441	1697	1953	2650	314	382	450	517
福建	300	396	491	587	3100	93	123	152	182
上海	54	58	62	66	2500	13	14	15	16
浙江	216	279	342	406	2500	54	70	86	101
山东	72	96	120	144	2550	18	24	31	37
辽宁	102	126	150	174	2575	26	32	39	45
河北	72	96	120	144	2325	17	22	28	33
合计	3468	4438	5408	6378	—	910	1164	1419	1673

3）测算 2022—2025 年各省需地方财政补贴总额及其占各省一般公共预算收入的比重，如表 10 - 11 所示。各省一般公共预算收入以 2019 年数据为基础，按照年均增长 5%测算得出。由测算结果可知，江苏和福建受到海上风电开发规模大，当地燃煤基准价较低等因素影响，财政补贴稍有压力，其他省份地补接力国补财政负担并不重，且各省均呈逐年减轻态势，各省中海上风电补贴占全省一般公共预算收入最高数值出现在 2022 年的江苏，为 0.65%，主要是因为江苏海上风电累计装机容量基础大、未来新增规模可观及当地燃煤基准电价较低，占比最低数值出现在 2025 年广东，已无须补贴，主要是因为广东当地燃煤基准电价较高，在海上风电地补接力 3 年后，即可以以低于当地燃煤基准电价的水平参与市场，形成平价能力。

表 10 - 11　　2022—2025 年各省补贴数额

省份	补贴总额（亿元）				一般公共预算收入（亿元）					补贴占比（%）			
	2022 年	2023 年	2024 年	2025 年	2019 年	2022 年	2023 年	2024 年	2025 年	2022 年	2023 年	2024 年	2025 年
广东	59	51	31	0	12 651	14 645	15 377	16 146	16 954	0.40	0.33	0.19	0.00
江苏	66	60	47	27	8802	10 189	10 699	11 234	11 796	0.65	0.57	0.42	0.23
福建	19	19	16	9	3053	3534	3711	3896	4091	0.55	0.52	0.40	0.22
上海	3	2	1	1	7165	8294	8709	9145	9602	0.03	0.02	0.01	0.01
浙江	12	11	9	6	7048	8159	8567	8995	9445	0.14	0.13	0.11	0.06
山东	4	4	3	2	6526	7555	7932	8329	8745	0.05	0.05	0.04	0.02
辽宁	6	6	5	3	2652	3070	3224	3385	3554	0.19	0.17	0.14	0.08
河北	4	4	3	2	3752	4343	4561	4789	5028	0.09	0.09	0.07	0.05

（2）地补接续国补是一项利在长远的决策。基于地方政府接力国家补贴的财政负担测算，本报告认为在需要重点发展海上风电的省份，地补会接力国补，补贴力度则取决于地方政府财政实力。支持主要理由如下：①海上风电当前的单位造价是陆上风电单位造价的 2 倍有余，国补取消为时过早。国家并非放弃海上风电，取消国补是看出海上风电多在沿海经济发达地区发展，地方既

舍不得放弃海上风电，又有补贴的财政实力。对于寄厚望于海上风电的省份，地方政府会接续补贴。并且本报告认为国补取消的目的在于减轻国家财政在可再生能源补贴方面的累计缺口压力，是期望地补接力的。②国家发改委和能源局要求的非水可再生能源消纳责任权重使得更多沿海省份“离不开”海上风电，“不得不”对海上风电寄予厚望，接力补贴，地方对海上风电予以补贴存在必要性。2020 年 6 月 1 日，国家发改委和能源局联合印发《关于各省级行政区域 2020 年可再生能源电力消纳责任权重的通知》（发改能源〔2020〕767 号），2020 年广东、江苏、山东和浙江等沿海省份非水可再生能源电力最低消纳责任权重分别为 4.5%、7.5%、11%和 7.5%，均同比提高了 1 个百分点。以广东为例，非水可再生能源中光伏和陆上风电资源禀赋差，较为可观的资源属海上风电，广东必须支持海上风电发展。江苏、山东和浙江也同样会重视海上风电发展。③各省地补的负担基本可以接受，2025 年补贴在各省一般公共预算收入中占比最高为 0.23%，广东已无须补贴，且各省占比均在逐年下降，地方接力补贴具有可行性。④海上风电克服短期困难后具有多重长期效益，地补将是一笔投入产出较高的投资。抓住行业发展风口，培育一批本土的具有竞争力的海上风电上下游企业（当前各省多存在资源换投资的做法），对于促进当地经济发展、增加地方税收、提升未来行业竞争力和保障地方能源结构转型均大有裨益。此外，海上风电是风电利用前景最广阔的领域，一旦突破成本约束，将是未来既廉价，又环保，还可持续的供应能源，能极大提升沿海地区能源安全可靠供应的保障能力。地方接力补贴具有多重收益，效益可观。

10.3.4 电网企业

对于电网企业而言，海上风电反调峰特性决定了海上风电大量接入给电网带来的更多是挑战，将增加电网运行风险。但为了服务国家能源清洁低碳化转型发展的要求，支持可再生能源行业发展，电网企业也正积极研究当前海上风电行业提出的共建共享海上风电电力外送段工程的可行性。

（1）大量风电集中于 2020—2021 年并网，海上风电消纳难，且增加了电网运行风险。海上风电出力特性整体呈现冬季大、夏季小，夜间出力高、白天出力低的特点，反调峰特性较强。以广东为例，如表 10 - 12 所示，海上风电冬季反调峰特性更为明显，反调峰问题更为突出，夏季反调峰系数约 22%，冬季在 31%左右。若海上风电大量接入，尤其是抢装导致的短时间内大量集中接入，将大大增加海上风电的消纳难度，对电网调峰调频能力提出更高要求。据业内专家观点：根据最优配套测算，3000 万 kW 海上风电开发需配置约 700 万 kW 储能。当前储能已明确不得纳入有效资产通过输配电价回收，电网建设储能缺乏有效的成本疏导途径，且目前国内辅助服务市场不完善，对民营资本投资没有吸引力。大量海上风电接入将提升电网运行风险。有效的成本疏导机制的缺失是当前储能发展的最大障碍之一。

表 10 - 12　　广东海上风电反调峰特性

项目	夏季	冬季	全年
反调峰天数	109	101	210
平调峰天数	36	35	71
正调峰天数	39	45	84
反调峰深度	22%	31%	28%

（2）电网公司接手海上风电电力送出设施段投资，将挤占本就十分有限的核价空间，宜单独给予电网一定核价规模。海上风电电力送出设施段指以海上升压站为界限，海上升压站、送电电缆、陆上集控站由电网企业负责建设，不含场内海缆。

若电网接手海上风电并网段投资，在有限的电价空间和核价投资规模内，必然会挤压出一部分应投但无法再投的项目，这在核价投资规模极为紧张、投资计划已经一压再压的背景下，会影响电网的安全稳定运行。若国家层面要求电网公司承担海上风电外送电力设施段投资，宜额外给予一定投资规模。

（3）电网公司接手海上风电电力送出设施段投资对输配电价影响的测算。根据前文海上风电工程造价构成可知，海上风电电力送出设施段成本占海上风电总成本的8%～12%，按10%计算。

以广东省为例，2020—2025年新增装机规模的单位造价水平及2021—2025年销售电量如表10-13所示。以《建设项目经济评价方法与参数（第三版）》中建设项目财务基准收益率结果为基础，综合考虑行业专家及相关领域项目投资收益率，确定海上风电项目投资收益率为6.5%。

表10-13 海上风电电力送出段投资对输配电价影响测算部分输入参数

年份	2020	2021	2022	2023	2024	2025
年度新增规模（万kW）	478.8	478.8	478.8	478.8	478.8	478.8
单位造价水平（元/kW）	18 000	16 000	14 000	12 000	11 000	10 000
电力送出设施投资（亿元）	86.2	76.6	67.0	57.5	52.7	47.9
年售电量（亿kWh）	6425	6744	7080	7432	7802	8190

经测算，若纳入该部分投资在满足项目投资内部收益率6.5%的条件下，将使广东省输配电价升高约4.89厘/kWh（税后）。参照当前广东输配电价0.23元/kWh（珠三角5市不满1kV的一般工商业电价），提升比重达2.1%，提升幅度并不小。

若其他条件不变，电力外送段投资由电网和海上风电开发商各承担一半，则将使广东省输配电价升高约2.45厘/kWh（税后）。使广东省输配电价升高约2.45厘/kWh（税后），提升1.1%，对输配电价的加价影响相对更易接受。

10.4 对海上风电发展总体影响

2021年是“十四五”开局之年，也是海上风电全面进入平价时代的开始。此次国补退出，将会导致行业在节点前抢装，同时引发行业2022年之后的投资悲观情绪。具体而言：①海上风电的盲目抢装将带来弃风弃电、产能过剩、行

业建设质量下降等诸多问题。但需要指出的是，我国可再生能源发展的数十年始终伴随着抢装，抢装同时也使得可再生能源装机规模迅速增长，技术加速进步，并推动发电成本降低。②国补明确在 2022 年全面退出，如果地方补贴未能跟上，海上风电投资吸引力大降，2022 年行业装机可能出现断崖式下降，行业发展会面临一段时间的停滞；同时，叠加上网电价上限骤降、全行业均将在成本和收益上承压的影响，将有一大批企业恐因产能过剩而破产，将加速行业内的兼并整合。

一个行业走向成熟，必然会伴随“阵痛”。发展海上风电是我国能源结构转型的重大战略支撑，海上风电是我国未来能源供应体系中的重要构成，海上风电大发展的基本面不会因本次国补取消的影响而改变，国补取消是短期“阵痛”，将加速形成海上风电平价上网能力，后续海上风电发展节奏将更为有序。

数　据　来　源

［1］世界银行

［2］国际货币基金组织

［3］美国经济分析局

［4］欧盟统计局

［5］日本内阁府

［6］俄罗斯联邦统计局

［7］印度统计局

［8］巴西国家地理与统计局

［9］南非统计局

［10］国家统计局

［11］国家能源局

［12］能源发展“十三五”规划

［13］电力发展“十三五”规划（2016—2020 年）

［14］中国电力企业联合会．2009—2018 年电力统计基本数据一览表

［15］中国电力企业联合会．全国电力工业统计快报（2019 年）

［16］Wind 金融终端

［17］中国风能协会

［18］中国三峡新能源集团股份有限公司首次公开发行 A 股股票招股说明书

参　考　文　献

［1］国务院国资委考核分配局．企业绩效评价标准值（2018年）［M］．北京：经济科学出版社，2018.

［2］中国电力企业联合会．中国电力行业年度发展报告2010—2019［R］．北京：中国电力企业联合会，2010—2019.

［3］中华人民共和国中央人民政府．2020年国务院政府工作报告［R］．北京：中华人民共和国中央人民政府，2020.

［4］朱玥，陶宇鸥．反转时刻，箭在弦上［R］．兴业证券，2019，12.

［5］开文明，丁亚．光伏2020年新政落地，全年需求保持乐观［R］．新时代证券，2020，2.

［6］张继立，王益群，吕鹏远．我国海上风电区域开发方案浅析［J］．风能，2018，06：62-68.

［7］卢立亭．借鉴欧洲推行竞价，我国海上风电有望加速迈进平价时代［R］．东莞证券，2020，3-10.

［8］郑丹丹，李远山，张阳．风电：奔向“平价”的清洁能源［R］．东兴证券，2020，3-16.

［9］方重寅，王蔚祺．2019年高速增长兑现，海上风电加速发展［R］．国信证券，2020，2-6.

［10］郑丹丹，高志鹏．海上风电发展势如破竹，装备升级功不可没［R］．浙商证券，2020，4-18.

［11］李志虹．海上风电龙头迎接大时代［R］．浙商证券，2020，4-23.

［12］雷洋，杨云鹏．海上风电一沿海省份可再生能源的首选［R］．弘则研究，2020，4-23.

［13］陈荣达．核安全技术体系探讨［J］．核安全，2019，18（3）：43-50.

［14］铀或将成为矿业周期回升的领航者——专访中广核矿业有限公司执行董事兼首席财务官陈德邵［EB/OL］．［2020-07-10］http：//www.zgkyb.com.

［15］全球经济数据网［EB/OL］．［2020-07-15］https：//zh.tradingeconomics.com.

[16] 新华财经中国金融信息网 [EB/OL]. [2020 - 07 - 15] http：//dc. xinhua08. com.

[17] 英为财情 [EB/OL]. [2020 - 07 - 15] https：//cn. investing. com/economic - calendar/.

[18] 世界原子能协会和国际原子能机构反应堆信息系统 [EB/OL]. [2020 - 07 - 12] https：//www. world - nuclear. org/.

[19] 核能行业协会 . 2019 年 1—12 月全国核电运行情况 [EB/OL]. [2020 - 07 - 09] http：//www. china - nea. cn/site/content/35592. html.

[20] 林卫斌 . 能源数据简明手册 2018 [M]. 经济管理出版社，2018.

[21] 广东电力交易中心 . 广东电力市场 2019 年年度报告 [R]. 广州：广东电力交易中心，2019.

[22] 昆明电力交易中心 . 云南电力市场 2019 年运行总结及 2020 年预测分析报告 [R]. 昆明：昆明电力交易中心，2019.

[23] 中国电力企业联合会 . 2019 年 12 月全国电力市场交易信息 [EB/OL]. https：//www. cec. org. cn/detail/index. html? 1 - 277103 [2020 - 07 - 09].

[24] 国家电网有限公司 . 国家电网有限公司 2009—2019 年社会责任报告 [R]. 北京：国家电网有限公司，2009—2019.

[25] 中国南方电网有限责任公司 . 中国南方电网有限责任公司 2009—2019 年社会责任报告 [R]. 广州：中国南方电网有限责任公司，2009—2019.

[26] 中国核能电力股份有限公司 . 中国核能电力股份有限公司 2015—2019 年年度报告 [R]. 北京：中国核能电力股份有限公司，2015—2019.

[27] 中国广核电力股份有限公司 . 中国广核电力股份有限公司 2014—2019 年年度报告 [R]. 深圳：中国广核电力股份有限公司，2014—2019.

[28] 中国华能集团有限公司 . 中国华能集团有限公司 2016—2019 年年度报告 [R]. 北京：中国华能集团有限公司，2016—2019.

[29] 中国华电集团有限公司 . 中国华电集团有限公司 2016—2019 年年度报告中国华能集团有限公司 2016—2019 年年度报告 [R]. 北京：中国华电集团有限公司，2016—2019.

[30] 中国大唐集团有限公司 . 中国大唐集团有限公司 2016—2019 年年度报告 [R]. 北京：中国大唐集团有限公司，2016—2019.

[31] 国家电力投资集团有限公司．国家电力投资集团有限公司 2016—2019 年年度报告 [R]. 北京：国家电力投资集团有限公司，2016—2020.

[32] 国家能源投资集团有限责任公司．国家能源投资集团有限责任公司 2017—2019 年年度报告 [R]. 北京：国家能源投资集团有限责任公司，2017—2019.

[33] 中国长江三峡集团有限公司．中国长江三峡集团有限公司 2016—2019 年年度报告 [R]. 北京：中国长江三峡集团有限公司，2016—2019.

[34] 华润电力控股有限公司．华润电力控股有限公司 2016—2019 年年度报告 [R]. 香港：华润电力控股有限公司，2016—2019.

[35] 广东省能源集团有限公司．广东省能源集团有限公司 2016—2019 年年度报告 [R]. 广州：广东省能源集团有限公司，2016—2019.

[36] 浙江省能源集团有限公司．浙江省能源集团有限公司 2016—2019 年年度报告 [R]. 杭州：浙江省能源集团有限公司，2016—2019.

[37] 中国华能集团有限公司．中国华能集团有限公司 2016—2018 年社会责任报告 [R]. 北京：中国华能集团有限公司，2016—2018.

[38] 中国华电集团有限公司．中国华电集团有限公司 2016—2018 年社会责任报告 [R]. 北京：中国华电集团有限公司，2016—2018.

[39] 中国大唐集团有限公司．中国大唐集团有限公司 2016—2019 年社会责任报告 [R]. 北京：中国大唐集团有限公司，2016—2019.

[40] 国家电力投资集团有限公司．2016—2019 年社会责任报告 [R]. 北京：国家电力投资集团有限公司，2016—2019.

[41] 国家能源投资集团有限责任公司．国家能源投资集团有限责任公司 2017—2019 年社会责任报告 [R]. 北京：国家能源投资集团有限责任公司，2017—2019.

[42] 中国长江三峡集团有限公司．中国长江三峡集团有限公司 2017—2019 年可持续发展报告 [R]. 北京：中国长江三峡集团有限公司，2017—2019.

[43] 广东省能源集团有限公司．广东省能源集团有限公司 2016—2017 年社会责任报告 [R]. 广州：广东省能源集团有限公司，2016—2017.

[44] 浙江省能源集团有限公司．浙江省能源集团有限公司 2016—2017 年社会责任报告 [R]. 杭州：浙江省能源集团有限公司，2016—2017.

［45］联合资信评估有限公司．中国华能集团有限公司信用评级报告［R］．北京：联合资信评估有限公司，2020.

［46］联合资信评估有限公司．中国华电集团有限公司信用评级报告［R］．北京：联合资信评估有限公司，2020.

［47］中诚信国际信用评级有限责任公司．广东省能源集团有限公司信用评级报告［R］．北京：中诚信国际信用评级有限责任公司，2020.

［48］中诚信国际信用评级有限责任公司．浙江省能源集团有限公司信用评级报告［R］．北京：中诚信国际信用评级有限责任公司，2020.